KB089619

刺繡

_자 _수

COMPLETE COLLECTION OF GUIZHOU'S FOLK AND TRADITIONAL FINE ARTS

EMBROIDERY 2

중국귀주민족민간미술전집

자수 刺繡(下)

초판인쇄 2016년 4월 7일
초판발행 2016년 4월 7일

엮은이 류 옹
옮긴이 김숙향
펴낸이 채종준
기 획 박능원
편 집 이정수
디자인 조은아
마케팅 황영주

펴낸곳 한국학술정보(주)
주소 경기도 파주시 회동길 230(문발동)
전화 031 908 3181(대표)
팩스 031 908 3189
홈페이지 http://ebook.kstudy.com
E-mail 출판사업부 publish@kstudy.com
등록 제일산-115호 2000. 6. 19

ISBN 978-89-268-7151-5 94910
         978-89-268-7074-7 (전 6권)

刺繡
자 수

下

중국귀주민족민간미술전집

류옹 劉雍 엮음
김숙향 옮김

목차

기타 양식 자수

묘족(苗族)자수 소매장식
자수기법: 타자수(打籽繡), 전수(纏繡)
문양: 꽃, 새

검동남(黔東南) 개리(凱里)

묘족(苗族)자수 앞치마[圍腰]
57×36cm
자수기법: 포첩수(布貼繡)
문양: 태양, 기하학 도안

검동남(黔東南) 개리(凱里)

묘족(苗族)자수 염낭
자수기법: 전수(纏繡), 타자수(打籽繡)
문양: 권초(卷草), 꽃, 나비

검동남(黔東南) 개리(凱里)

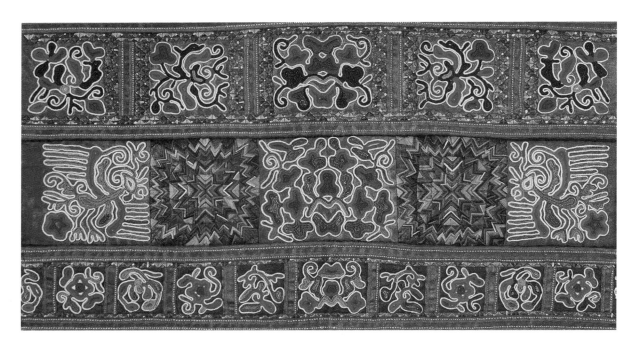

묘족(苗族)자수 소매장식(상)
39×19.5cm
자수기법: 포첩수(布貼繡), 타자수(打籽繡)
문양: 꽃, 새

검동남(黔東南) 개리(凱里)

묘족(苗族)자수 소매장식(하)
자수기법: 포첩수(布貼繡)
문양: 꽃, 새, 기하학 도안

검동남(黔東南) 개리(凱里)

묘족(苗族)자수 배선(背扇)
88×39cm
자수기법: 쇄수(鎖繡)
문양: 동고(銅鼓), 꽃

검동남(黔東南) 개리(凱里)

묘족(苗族)자수 아동 모자
27×20cm
자수기법: 포첩수(布貼繡)
문양: 새, 물고기

검동남(黔東南) 개리(凱里)

묘족(苗族)자수 아동 모자
27×17.5cm
자수기법: 쇄수(鎖繡)
문양: 꽃, 나비

검동남(黔東南) 개리(凱里)

(앞면)

묘족(苗族)자수 아동 모자
25×17cm
자수기법: 포첩수(布貼繡)
문양: 물고기, 새

검동남(黔東南) 개리(凱里)

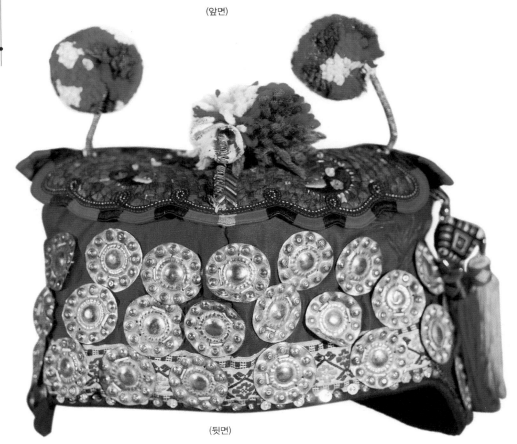

(뒷면)

혁가(僅家)자수 배선(背扇)
77×69cm
자수기법: 쇄수(鎖繡), 수사수(數紗繡)
문양: 기하학 도안, 꽃, 새, 동고(銅鼓)

검동남(黔東南) 개리(凱里)

묘족(苗族)자수 배선(背扇)(우측)
자수기법: 쇄수(鎖繡), 수사수(數紗繡),
포수(布繡), 변수(辮繡)
문양: 동고(銅鼓), 용, 새, 나비, 꽃

검동남(黔東南) 개리(凱里)

묘족(苗族)자수 배선심(背扇心)(상)
38.5×18.5cm
자수기법: 포첩수(布貼繡)
문양: 닭, 물고기

검동남(黔東南) 개리(凱里)

묘족(苗族)자수 아동 모자(하)
자수기법: 포첩수(布貼繡), 평수(平繡)
문양: 호랑이 머리

검동남(黔東南) 태강(台江)

묘족(苗族)자수 배선(背扇)
자수기법: 포첩수(布貼繡), 타자수(打籽繡)
문양: 꽃, 기하학 도안

검동남(黔東南) 태강(台江)

(부분)

묘족(苗族)자수 배선(背扇)
139×70.5cm
자수기법: 타자수(打籽繡), 전수(纏繡)
문양: 묘족 옛 노래 고사, 조롱박남매

검동남(黔東南) 태강(台江)

묘족(苗族)자수 소매장식
자수기법: 평수(平繡), 포첩수(布貼繡)
문양: 나비, 꽃

검동남(黔東南) 태강(台江)

묘족(苗族)자수 소매장식
32.5×26cm
자수기법: 수사수(數紗繡)
문양: 꽃, 나비

검동남(黔東南) 검하(劍河)

묘족(苗族)자수 소매장식
28×23.5cm
자수기법: 수사수(數紗繡)
문양: 꽃, 새

검동남(黔東南) 검하(劍河)

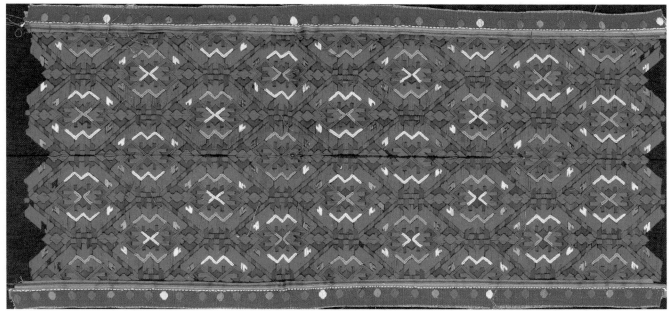

묘족(苗族)자수 소매장식(상)
자수기법: 수사수(數紗繡)
문양: 새, 나비

검동남(黔東南) 검하(劍河)

묘족(苗族)자수 소매장식
31×27cm
자수기법: 수사수(數紗繡)
문양: 새, 마름모, 꽃

검동남(黔東南) 검하(劍河)

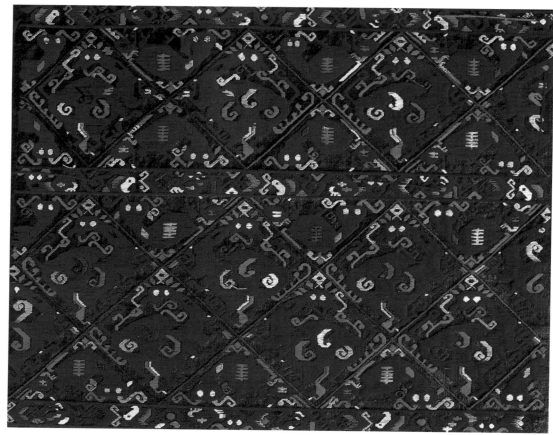

묘족(苗族)자수 소매장식
26.5×22cm
자수기법: 수사수(數紗繡)
문양: 마름모, 용, 물고기

검동남(黔東南) 검하(劍河)

묘족(苗族)자수 소매장식
23×21cm
자수기법: 수사수(數紗繡)
문양: 꽃, 새

검동남(黔東南) 검하(劍河)

묘족(苗族)자수 소매장식
자수기법: 수사수(數紗繡)
문양: 기하학 도안

검동남(黔東南) 검하(劍河)

묘족(苗族)자수 소매장식
26,5×25,5cm
자수기법: 수사수(數紗繡)
문양: 새, 꽃

검동남(黔東南) 검하(劍河)

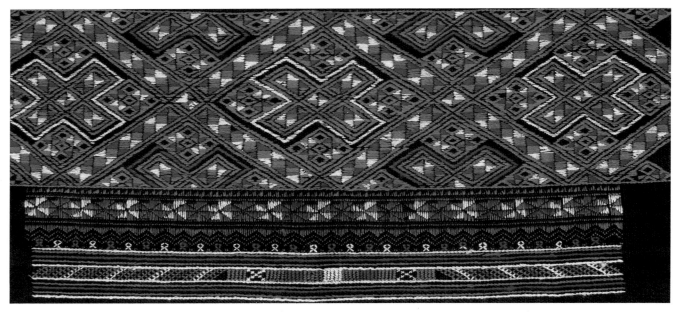

묘족(苗族)자수 치맛자락의 꽃(상)
자수기법: 수사수(數紗繡)
문양: 기하학 도안

검동남(黔東南) 검하(劍河)

묘족(苗族)자수 소매장식(중)
자수기법: 수사수(數紗繡)
문양: 나비

검동남(黔東南) 검하(劍河)

묘족(苗族)자수 소매장식(하)
자수기법: 수사수(數紗繡)
문양: 기하학 도안

검동남(黔東南) 검하(劍河)

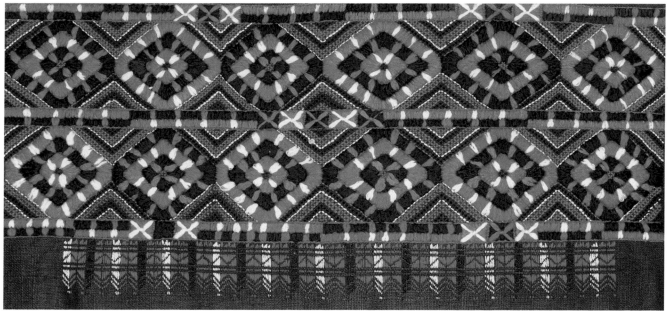

묘족(苗族)자수 앞치마[圍腰](상)
63×74cm
자수기법: 수사수(數紗繡)
문양: 기하학 도안

검동남(黔東南) 검하(劍河)

묘족(苗族)자수 소매장식(하)
29×12cm
자수기법: 수사수(數紗繡)
문양: 기하학 도안

검동남(黔東南) 검하(劍河)

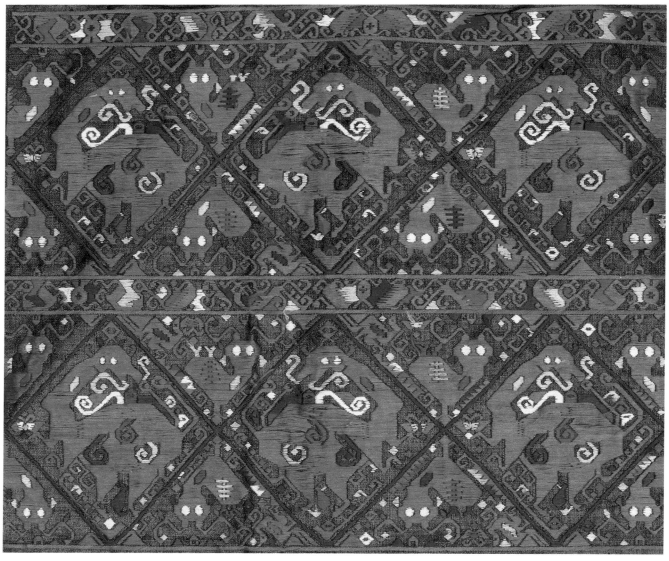

묘족(苗族)자수 소매장식(상)
자수기법: 수사수(數紗繡)
문양: 동물, 기하학 도안

검동남(黔東南) 검하(劍河)

묘족(苗族)자수 앞치마[圍腰]장식(하)
64×24cm
자수기법: 수사수(數紗繡)
문양: 마름모

검동남(黔東南) 검하(劍河)

묘족(苗族)자수 소매장식
자수기법: 수사수(數紗繡)
문양: 새, 기하학 도안

검동남(黔東南) 검하(劍河)

• 319 •

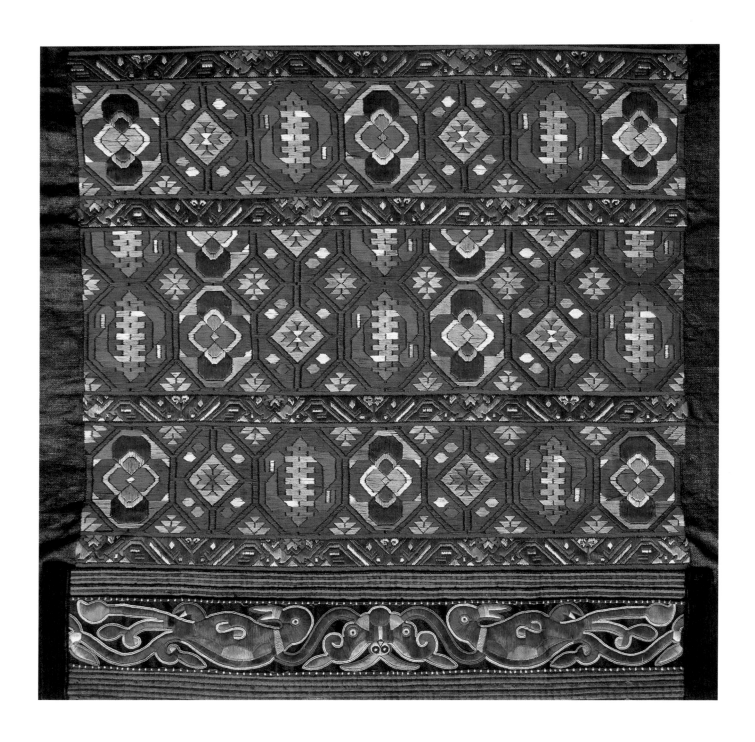

묘족(苗族)자수 소매장식
25.5×24cm
자수기법: 수사수(數紗繡)
문양: 새, 꽃, 나무

검동남(黔東南) 검하(劍河)

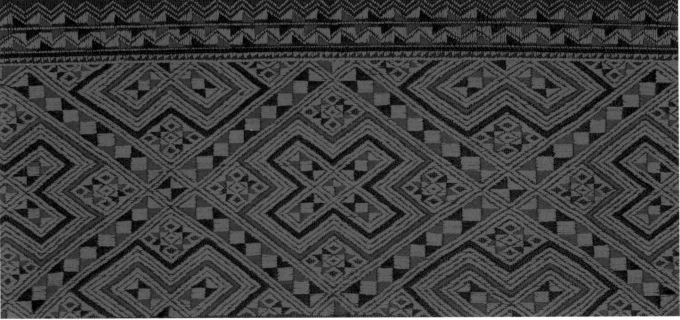

묘족(苗族)자수 등[背]장식(상)
자수기법: 수사수(數紗繡)
문양: 기하학 도안

검동남(黔東南) 검하(劍河)

묘족(苗族)자수 소매장식(하)
자수기법: 수사수(數紗繡)
문양: 기하학 도안

검동남(黔東南) 검하(劍河)

묘족(苗族)자수 앞치마[圍腰]
45×20cm
자수기법: 석수(錫繡)
문양: 기하학 도안

검동남(黔東南) 검하(劍河)

묘족(苗族)자수 앞치마[圍腰]
45×18cm
자수기법: 석수(錫繡)
문양: 기하학 도안

검동남(黔東南) 검하(劍河)

묘족(苗族)자수 여자 상의
63×74cm
자수기법: 석수(錫繡)
문양: 기하학 도안

검동남(黔東南) 검하(劍河)

(부분)

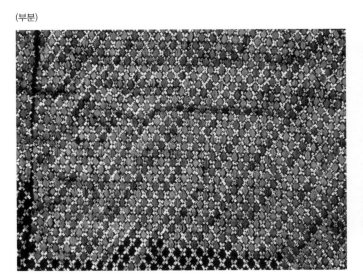

(부분)

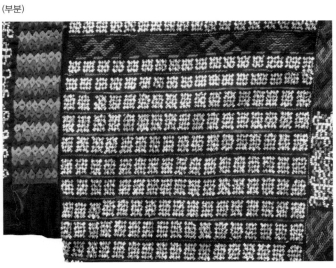

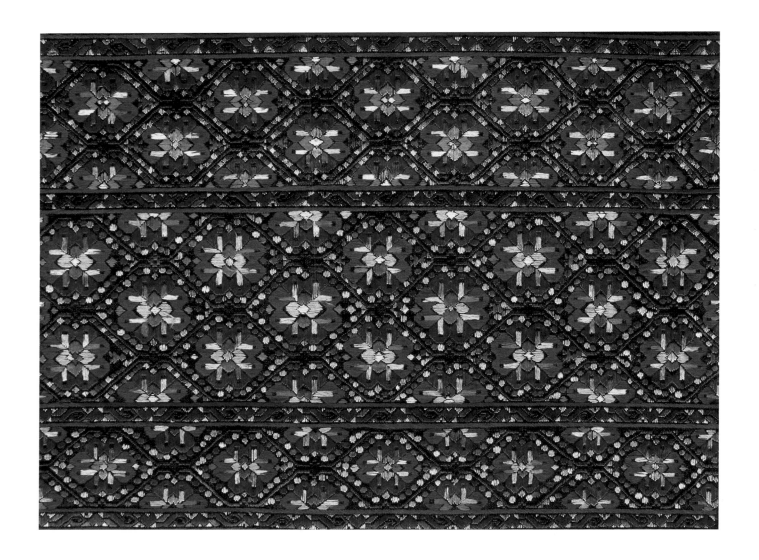

묘족(苗族)자수 소매장식
자수기법: 수사수(數紗繡)
문양: 기하학 도안

검동남(黔東南) 황평(黃平)

혁가(僙家)자수 소매장식(상)
36.5×16.5cm
자수기법: 수사수(數紗繡)
문양: 기하학 도안

검동남(黔東南) 황평(黃平)

묘족(苗族)자수 소매장식(하)
자수기법: 수사수(數紗繡)
문양: 기하학 도안

검동남(黔東南) 황평(黃平)

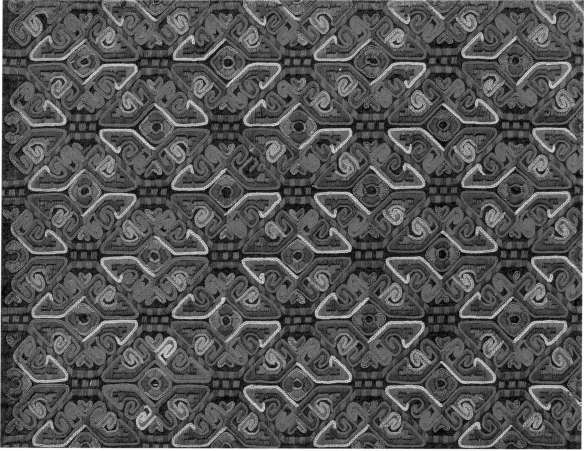

묘족(苗族)자수 소매장식(상)
자수기법: 수사수(數紗繡)
문양: 기하학 도안

검동남(黔東南) 황평(黃平)

묘족(苗族)자수 소매장식(하)
자수기법: 수사수(數紗繡)
문양: 나비

검동남(黔東南) 황평(黃平)

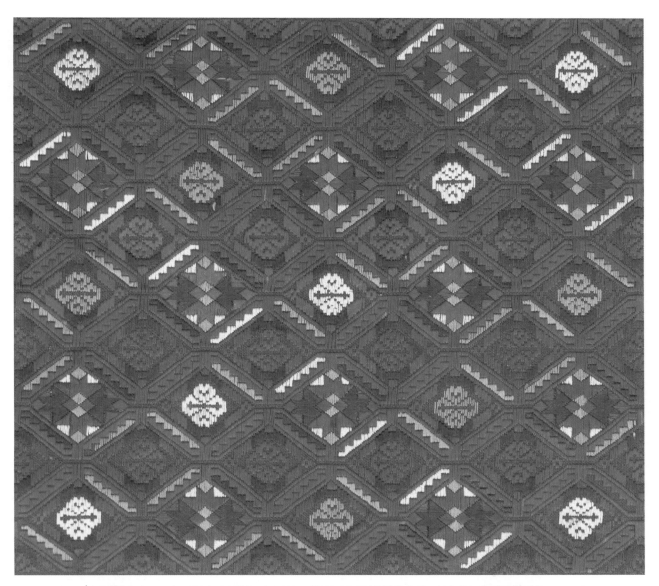

묘족(苗族)자수(상)
자수기법: 수사수(數紗繡)
문양: 기하학 도안

검동남(黔東南) 황평(黃平)

묘족(苗族)자수 소매장식(하)
자수기법: 수사수(數紗繡)
문양: 기하학 도안

검동남(黔東南) 황평(黃平)

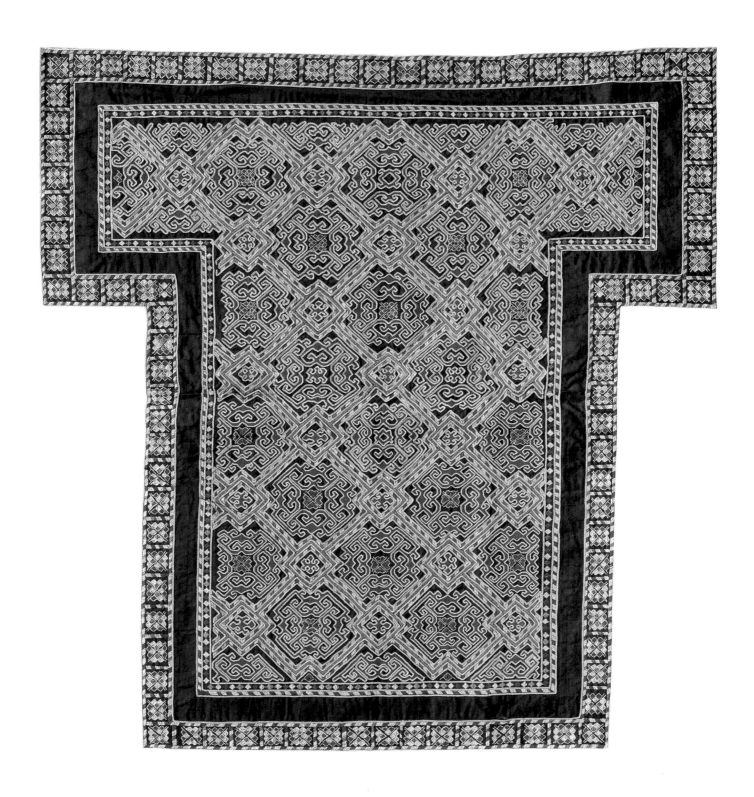

혁가(僅家)자수 배선(背扇)
65.5×60cm
자수기법: 수사수(數紗繡), 쇄수(鎖繡)
문양: 기하학 도안

검동남(黔東南) 황평(黃平)

묘족(苗族)자수 배선(背扇)
자수기법: 수사수(數紗繡)
문양: 꽃, 기하학 도안

검동남(黔東南) 황평(黃平)

묘족(苗族)자수 뒷자락장식
24.5×20.5cm
자수기법: 수사수(數紗繡), 쇄수(鎖繡)
문양: 나비, 기하학 도안

검동남(黔東南) 황평(黃平)

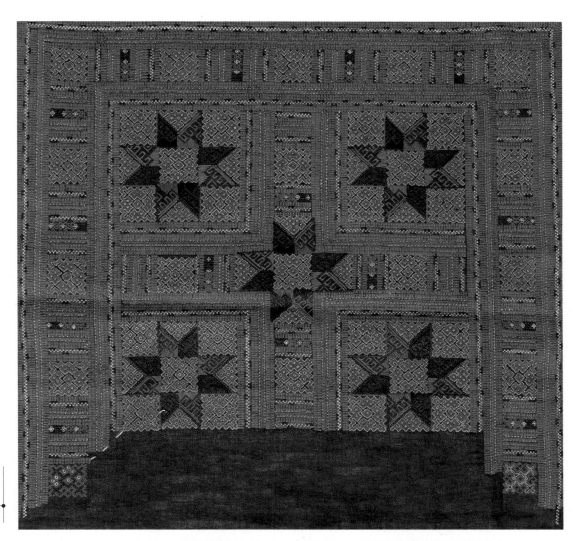

묘족(苗族)자수 소매장식
자수기법: 수사수(數紗繡)
문양: 기하학 도안

검동남(黔東南) 황평(黃平)

묘족(苗族)자수 등[背]장식
40×28.9cm
자수기법: 수사수(數紗繡)
문양: 기하학 도안

검동남(黔東南) 황평(黃平)

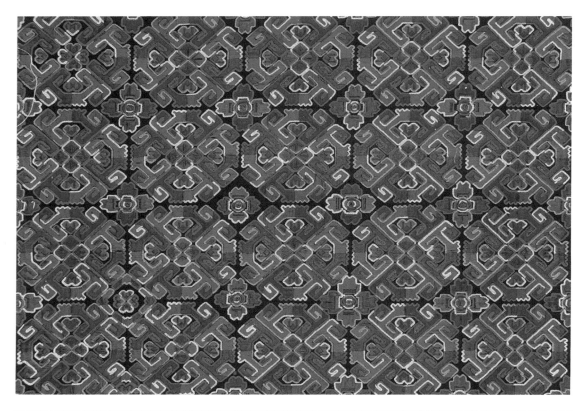

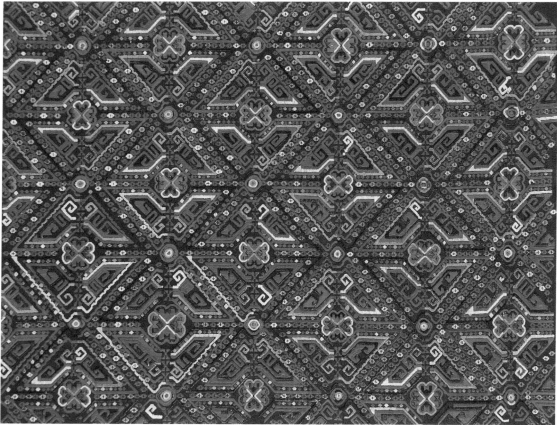

묘족(苗族)자수 소매장식(상)
자수기법: 수사수(數紗繡)
문양: 기하학 도안

검동남(黔東南) 황평(黃平)

묘족(苗族)자수 등[背]장식(하)
35×27.5cm
자수기법: 수사수(數紗繡)
문양: 나비

검동남(黔東南) 황평(黃平)

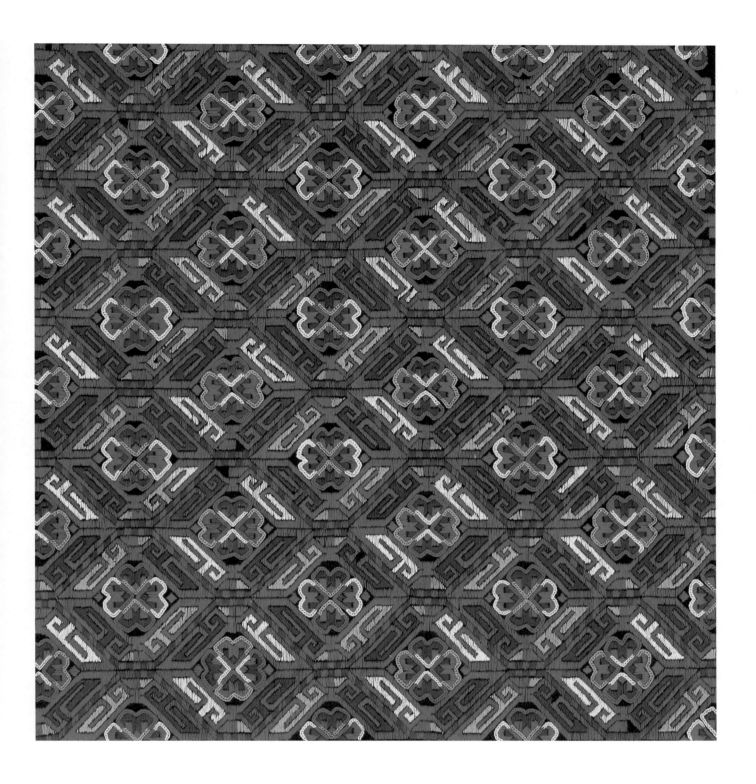

묘족(苗族)자수 소매장식
자수기법: 수사수(數紗繡)
문양: 기하학 도안

검동남(黔東南) 황평(黃平)

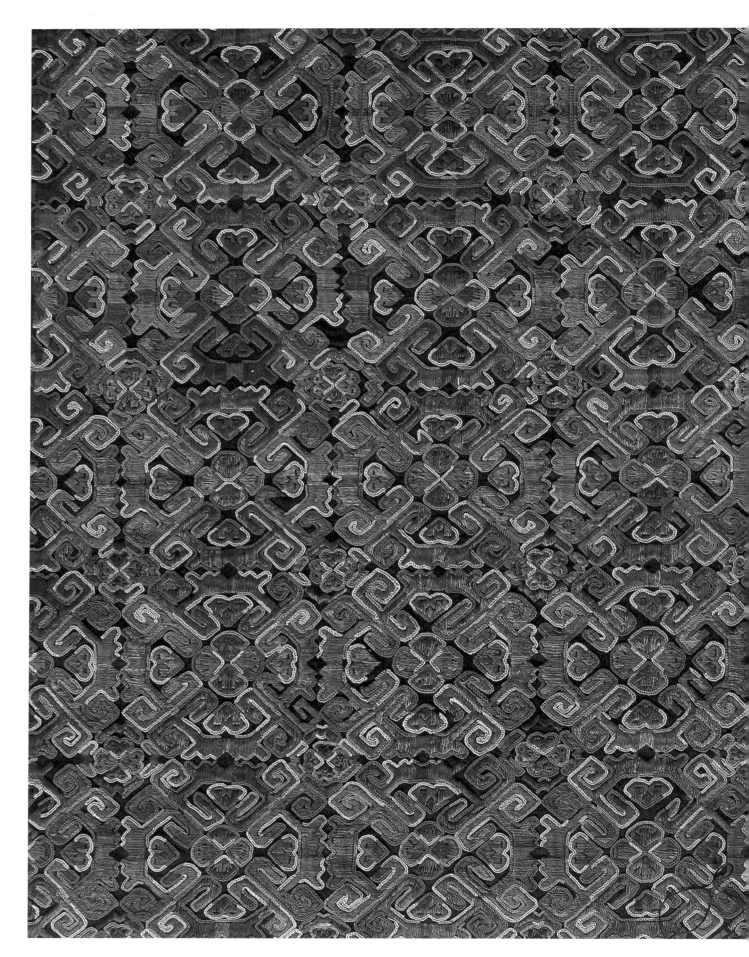

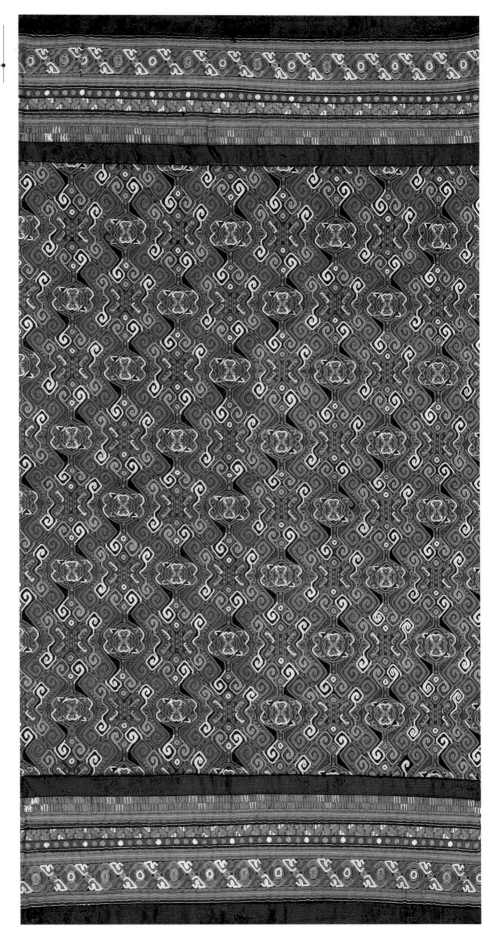

묘족(苗族)자수 등[背]장식
자수기법: 수사수(數紗繡)
문양: 꽃, 기하학 도안

검동남(黔東南) 황평(黃平)

묘족(苗族)자수 소매장식
35×30.5cm
자수기법: 수사수(數紗繡)
문양: 기하학 도안

검동남(黔東南) 황평(黃平)

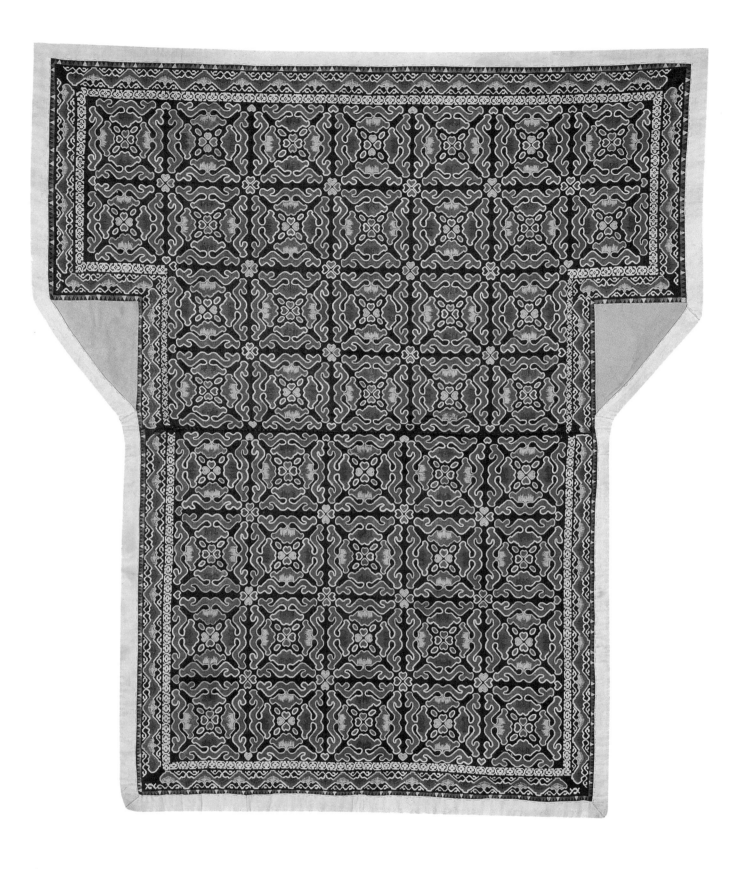

혁가(僰家)자수 배선(背扇)
72×60.5cm
자수기법: 쇄수(鎖繡), 수사수(數紗繡)
문양: 꽃, 기하학 도안

검동남(黔東南) 황평(黃平)

혁가(僳家)자수 배선(背扇)
60.5×69.5cm
자수기법: 수사수(數紗繡)
문양: 꽃, 기하학 도안

검동남(黔東南) 황평(黃平)

묘족(苗族)자수 여자아이 백자의(百子衣)
71×45cm
자수기법: 수사수(數紗繡)
문양: 어린 아이

검동남(黔東南) 황평(黃平)

(뒷면 부분)

묘족(苗族)자수 배선(背扇)
자수기법: 수사수(數紗繡)
문양: 나비, 기하학 도안

검동남(黔東南) 황평(黃平)

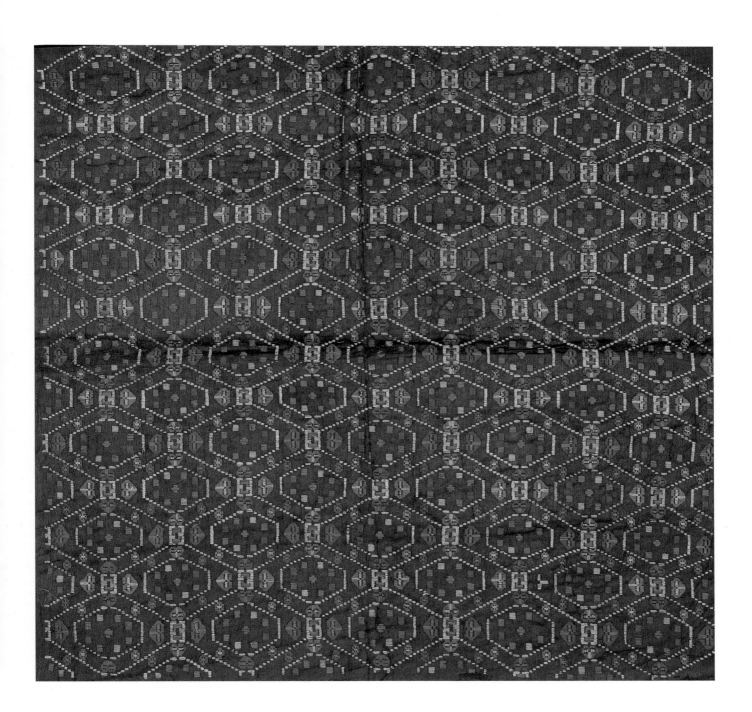

묘족(苗族)자수 등[背]장식
자수기법: 수사수(數紗繡)
문양: 기하학 도안

검동남(黔東南) 황평(黃平)

묘족(苗族)자수 배선(背扇)
자수기법: 수사수(數紗繡)
문양: 꽃, 기하학 도안

검동남(黔東南) 황평(黃平)

묘족(苗族)자수 배선(背扇)
자수기법: 수사수(數紗繡), 쇄수(鎖繡)
문양: 꽃, 기하학 도안

검동남(黔東南) 황평(黃平)

묘족(苗族)자수 배선(背扇)
자수기법: 수사수(數紗繡), 쇄수(鎖繡)
문양: 물고기, 기하학 도안

검동남(黔東南) 황평(黃平)

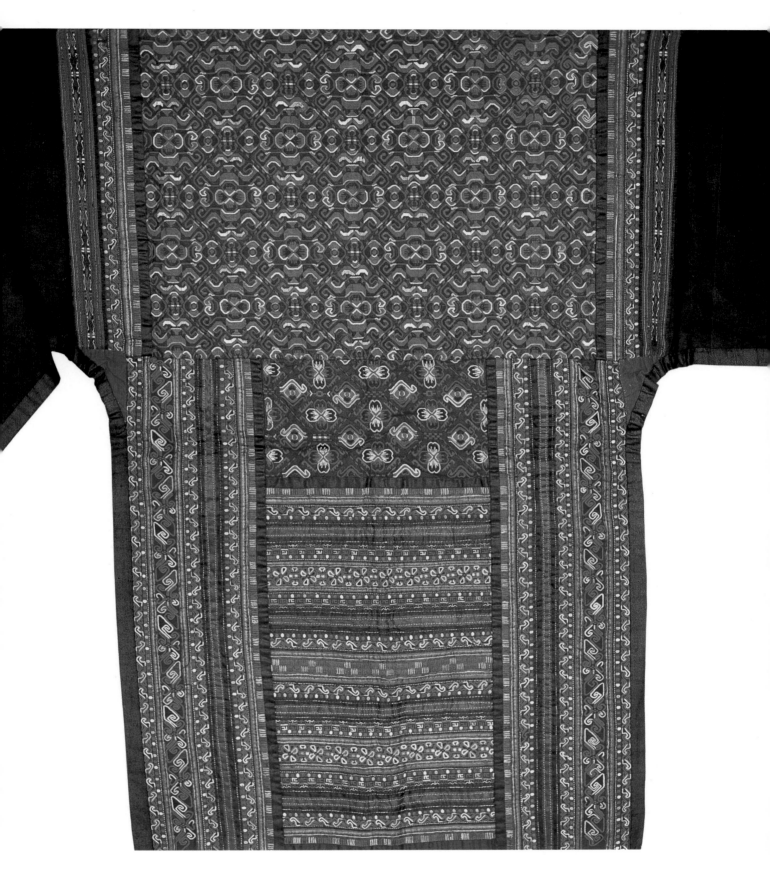

묘족(苗族)자수 배선(背扇)
자수기법: 수사수(數紗繡), 쇄수(鎖繡)
문양: 꽃, 기하학 도안

검동남(黔東南) 황평(黃平)

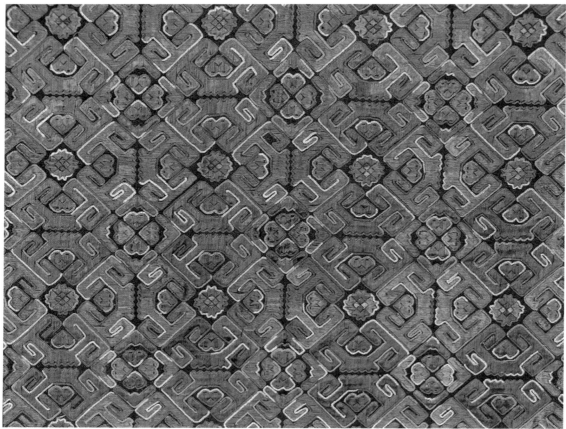

묘족(苗族)자수 배선(背扇)장식(상)
자수기법: 수사수(數紗繡)
문양: 잎, 꽃

검동남(黔東南) 황평(黃平)

묘족(苗族)자수 배선(背扇)장식(하)
자수기법: 수사수(數紗繡)
문양: 기하학 도안, 꽃

검동남(黔東南) 황평(黃平)

묘족(苗族)자수 배선(背扇)
27×22.8cm
자수기법: 수사수(數紗繡)
문양: 꽃, 새, 기하형

검동남(黔東南) 황평(黃平)

묘족(苗族)자수 소매장식(상)
자수기법: 수사수(數紗繡)
문양: 기하학 도안

검동남(黔東南) 황평(黃平)

묘족(苗族)자수 소매장식(하)
자수기법: 수사수(數紗繡)
문양: 나비, 기하학 도안

검동남(黔東南) 황평(黃平)

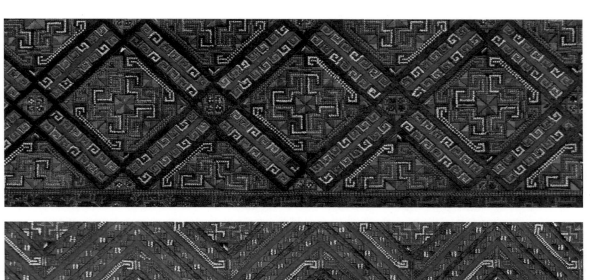

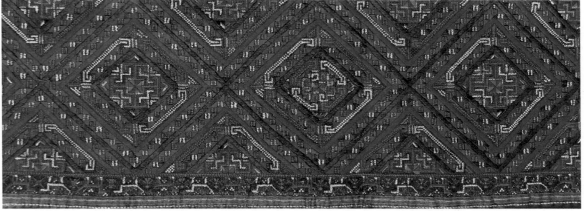

묘족(苗族)자수 소매장식(상)
자수기법: 수사수(數紗繡)
문양: 기하학 도안

검동남(黔東南) 황평(黃平)

묘족(苗族)자수 소매장식(중)
자수기법: 수사수(數紗繡)
문양: 기하학 도안

검동남(黔東南) 황평(黃平)

묘족(苗族)자수 소매장식(하)
자수기법: 수사수(數紗繡)
문양: 기하학 도안

검동남(黔東南) 황평(黃平)

묘족(苗族)자수 앞치마[圍腰]장식(상)
자수기법: 수사수(數紗繡)
문양: 기하학 도안

검동남(黔東南) 뇌산(雷山)

묘족(苗族)자수 소매장식(중)
자수기법: 수사수(數紗繡)
문양: 나비

검동남(黔東南) 뇌산(雷山)

묘족(苗族)자수 앞치마[圍腰]장식(하)
62×23.5cm
자수기법: 수사수(數紗繡)
문양: 꽃, 기하학 도안

검동남(黔東南) 뇌산(雷山)

묘족(苗族)자수 앞치마[圍腰]장식(상)
53×19cm
자수기법: 수사수(數紗繡)
문양: 새

검동남(黔東南) 뇌산(雷山)

묘족(苗族)자수 앞치마[圍腰]장식(중)
60×22cm
자수기법: 수사수(數紗繡)
문양: 꽃, 나비, 풀, 새

검동남(黔東南) 뇌산(雷山)

묘족(苗族)자수 등[背]장식(하)
자수기법: 수사수(數紗繡)
문양: 기하학 도안

검동남(黔東南) 뇌산(雷山)

해체
도류강형자수

최종교

소싸움

용강(榕江)의 용수(榕樹)나무

동족(侗族) 마을의 다리

용강(榕江)의 묘족(苗族) 직녀(織女)

동족 마을의 풍우교(風雨橋)

채색 구름을 잘라 만든 머리띠[단채(丹寨) 묘족(苗族)]

한 가닥 실에 마음을 담다[종강(從江) 묘족].

마음속으로 기쁨이 날아오다.

재능 있는 묘족의 후손[용강(榕江)]

산 속에서 가장 아름다운 백조의(百鳥衣)(용강 묘족)

여종용식(黎從榕式) 동수(侗繡)

동족(侗族)자수 배선심(背扇心)(좌측)
자수기법: 전수(纏繡), 쇄수(鎖繡)
문양: 용, 꽃

검동남(黔東南) 여평(黎平)

동족(侗族)자수 배선(背扇)
자수기법: 전수(纏繡), 포첩수(布貼繡)
문양: 용, 봉황, 나비

검동남(黔東南) 여평(黎平)

동족(侗族)자수 배선(背扇)
자수기법: 전수(纏繡)
문양: 용, 나비

검동남(黔東南) 여평(黎平)

동족(侗族)자수 배선(背扇)
자수기법: 전수(纏繡)
문양: 용

검동남(黔東南) 여평(黎平)

동족(侗族)자수 배선(背扇)
39×39cm
자수기법: 평수(平繡), 포첩수(布貼繡)
문양: 꽃, 새, 열매, 동고(銅鼓)

검동남(黔東南) 용강(榕江)

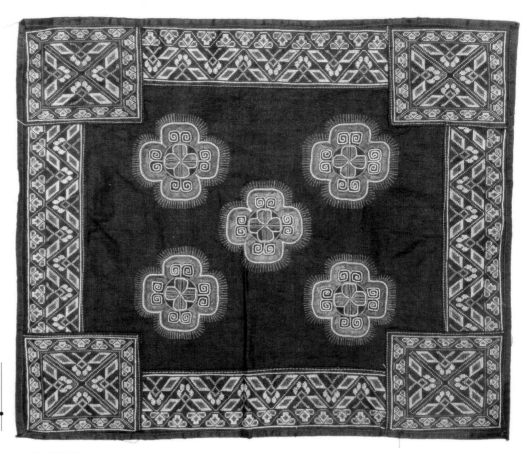

동족(侗族)자수 배선심(背扇心)
44×38cm
자수기법: 수사수(數紗繡), 쇄수(鎖繡)
문양: 나비, 동고(銅鼓)

검동남(黔東南) 여평(黎平)

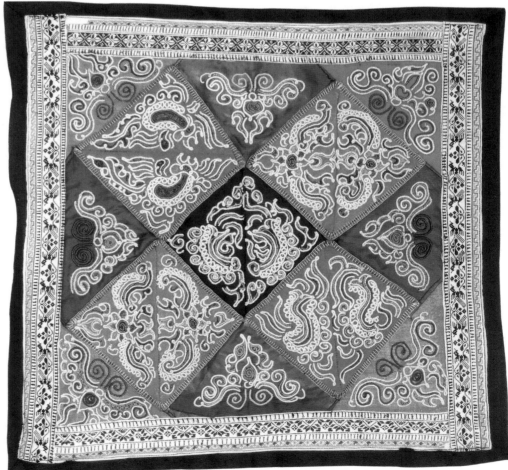

동족(侗族)자수 배선심(背扇心)
37×38cm
자수기법: 전수(纏繡), 포첩수(布貼繡)
문양: 나비, 용, 꽃, 새

검동남(黔東南) 여평(黎平)

동족(侗族)자수 배선(背扇)
자수기법: 타자수(打籽繡), 전수(纏繡)
문양: 용, 봉황, 꽃

검동남(黔東南) 용강(榕江)

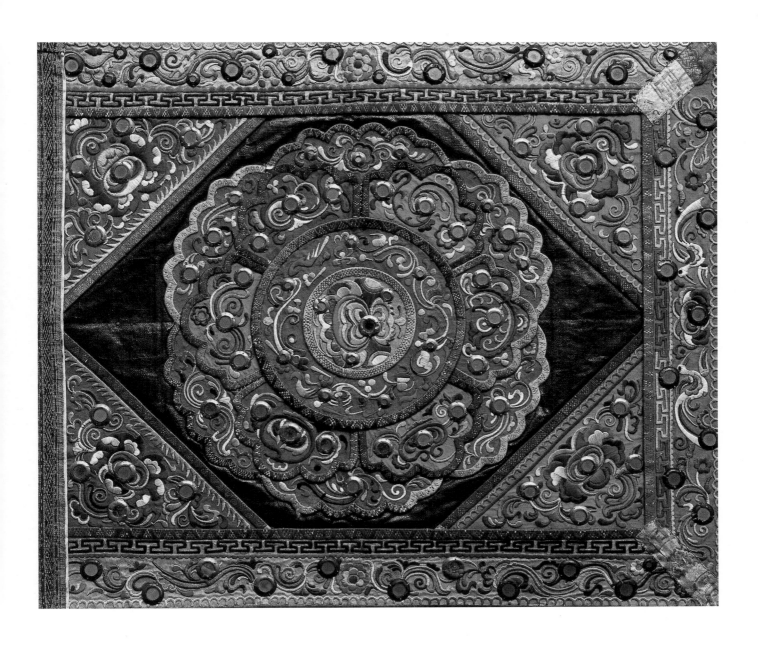

동족(侗族)자수 배선(背扇)
자수기법: 평수(平繡), 포첩수(布貼繡)
문양: 꽃, 새

검동남(黔東南) 여평(黎平)

(부분)

동족(侗族)자수 배선(背扇)
자수기법: 포첩수(布貼繡), 평수(平繡)
문양: 지네, 꽃, 새

검동남(黔東南) 여평(黎平)

동족(侗族)자수 배선심(背扇心)
43×36cm
자수기법: 쇄수(鎖繡), 평수(平繡), 포첩수(布貼繡)
문양: 태양, 용수(榕樹)나무

검동남(黔東南) 여평(黎平)

동족(侗族)자수 배선(背扇)
92×36cm
자수기법: 쇄수(鎖繡), 수사수(數紗繡)
문양: 태양, 별, 기하학 도안

검동남(黔東南) 여평(黎平)

동족(侗族)자수 배선(背扇)
자수기법: 전수(纏繡)
문양: 용, 꽃

검동남(黔東南) 여평(黎平)

동족(侗族)자수 배선(背扇)
자수기법: 전수(纏繡)
문양: 용, 동고(銅鼓)

검동남(黔東南) 여평(黎平)

동족(侗族)자수 아동 모자
자수기법: 전수(纏繡)
문양: 권초(卷草), 꽃

검동남(黔東南) 여평(黎平)

동족(侗族)자수 아동 모자
자수기법: 전수(纏繡)
문양: 용, 꽃

검동남(黔東南) 여평(黎平)

동족(侗族)자수 배선(背扇)
83×31cm
자수기법: 타자수(打籽繡), 전수(纏繡)
문양: 용, 봉황, 나비, 석류, 물고기

검동남(黔東南) 용강(榕江)

동족(侗族)자수 배선심(背扇心)
자수기법: 포첩수(布貼繡), 전수(纏繡), 타자수(打籽繡)
문양: 용, 꽃, 새

검동남(黔東南) 여평(黎平)

동족(侗族)자수 배선(背扇)
자수기법: 전수(纏繡), 포첩수(布貼繡)
문양: 꽃, 용

검동남(黔東南) 여평(黎平)

동족(侗族)자수 배선심(背扇心)
자수기법: 포첩수(布貼繡), 평수(平繡)
문양: 꽃, 새

검동남(黔東南) 여평(黎平)

동족(侗族)자수 배선심(背扇心)
자수기법: 전수(纏繡), 포첩수(布貼繡)
문양: 새, 꽃, 용

검동남(黔東南) 여평(黎平)

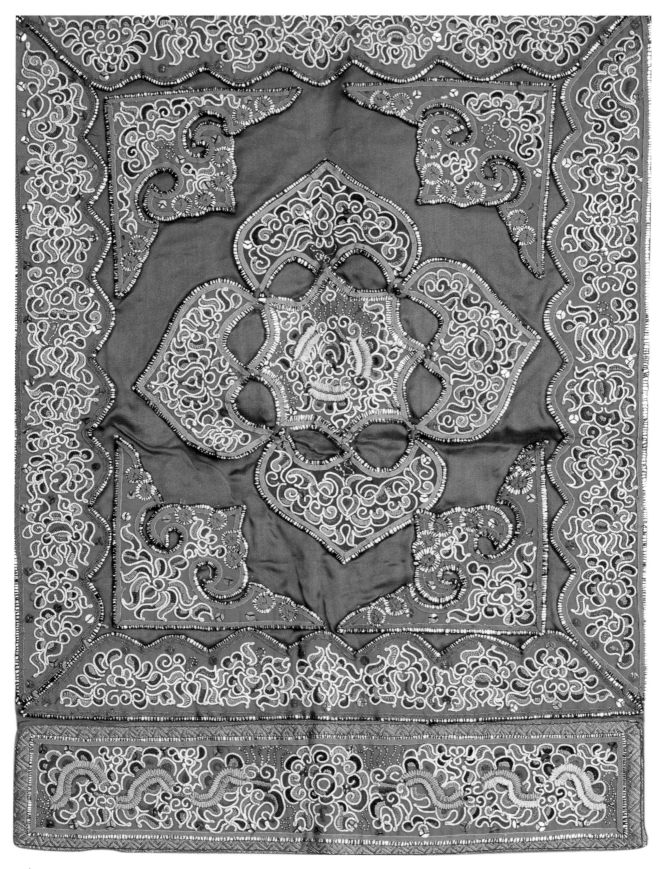

동족(侗族)자수 배선(背扇)
자수기법: 포첩수(布貼繡), 전수(纏繡)
문양: 용, 꽃

검동남(黔東南) 여평(黎平)

동족(侗族)자수 배선(背扇)
자수기법: 전수(纏繡), 포첩수(布貼繡)
문양: 석류, 꽃, 용

검동남(黔東南) 여평(黎平)

동족(侗族)자수 배선(背扇)
자수기법: 포첩수(布貼繡), 전수(纏繡)
문양: 용, 봉황, 나비, 꽃, 열매

검동남(黔東南) 여평(黎平)

동족(侗族)자수 배선(背扇)
자수기법: 전수(纏繡)
문양: 용, 말린 구름

검동남(黔東南) 여평(黎平)

동족(侗族)자수 두건
자수기법: 수사수(數紗繡), 쇄수(鎖繡)
문양: 동고(銅鼓), 별, 꽃

검동남(黔東南) 여평(黎平)

동족(侗族)자수 두건
자수기법: 수사수(數紗繡), 쇄수(鎖繡)
문양: 동고(銅鼓), 별, 꽃

검동남(黔東南) 여평(黎平)

동족(侗族)자수 배선(背扇)(우측)
자수기법: 쇄수(鎖繡), 수사수(數紗繡)
문양: 태양, 별, 기하학 도안

검동남(黔東南) 여평(黎平)

동족(侗族)자수 배선(背扇)
자수기법: 쇄수(鎖繡), 평수(平繡)
문양: 태양, 용수(榕樹)나무

검동남(黔東南) 여평(黎平)

동족(侗族)자수 배선(背扇)
자수기법: 쇄수(鎖繡), 평수(平繡)
문양: 태양, 용수(榕樹)나무

검동남(黔東南) 여평(黎平)

동족(侗族)자수 배선(背扇)
자수기법: 쇄수(鎖繡), 평수(平繡)
문양: 용수(榕樹)나무, 태양

검동남(黔東南) 여평(黎平)

동족(侗族)자수 가방
34×25.5cm
자수기법: 쇄수(鎖繡)
문양: 동고(銅鼓), 꽃

검동남(黔東南) 여평(黎平)

동족(侗族)자수 배선(背扇)
22×19.5cm
자수기법: 평수(平繡)
문양: 꽃

검동남(黔東南) 여평(黎平)

동족(侗族)자수 앞치마[圍腰]
자수기법: 포첩수(布貼繡), 쇄수(鎖繡)
문양: 나비, 새

검동남(黔東南) 여평(黎平)

동족(侗族)자수 배선(背扇)
43×40cm
자수기법: 포첩수(布貼繡), 평수(平繡)
문양: 동고(銅鼓), 말린 구름

검동남(黔東南) 여평(黎平)

동족(侗族)자수 배선(背扇)
48×40,5cm
자수기법: 쇄수(鎖繡)
문양: 태양, 용수(榕樹)나무

검동남(黔東南) 여평(黎平)

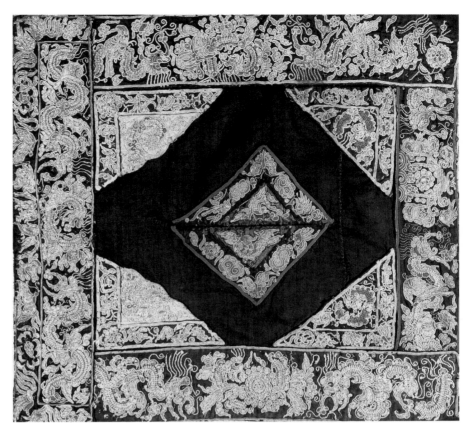

동족(侗族)자수 배선(背扇)
49×43cm
자수기법: 쇄수(鎖繡)
문양: 용, 새, 나비, 꽃

검동남(黔東南) 여평(黎平)

동족(侗族)자수 배선(背扇)
44×37.5cm
자수기법: 평수(平繡), 포첩수(布貼繡)
문양: 동고(銅鼓), 조두룡(鳥頭龍), 나비, 꽃

검동남(黔東南) 여평(黎平)

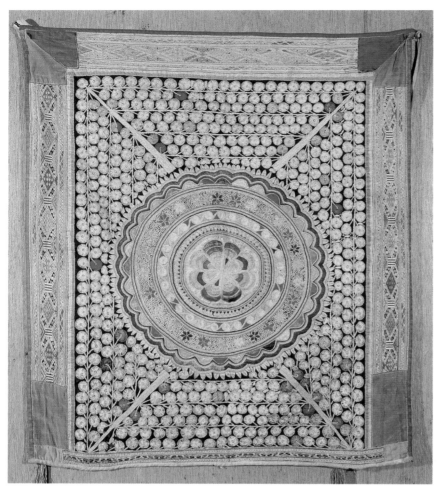

동족(侗族)자수 배선(背扇)
자수기법: 쇄수(鎖繡)
문양: 태양, 용수(榕樹)나무

검동남(黔東南) 여평(黎平)

동족(侗族)자수 배선심(背扇心)
자수기법: 쇄수(鎖繡)
문양: 동고(銅鼓)

검동남(黔東南) 여평(黎平)

동족(侗族)자수 배선(背扇)
38×18.5cm
자수기법: 차침수(岔針繡), 포첩수(布貼繡)
문양: 꽃

검동남(黔東南) 여평(黎平)

동족(侗族)자수 앞치마[圍腰]장식(1세트)
47×10cm, 42.5×10cm, 49.5×11cm,
52.5×8cm, 51×7cm, 42.5×8cm
자수기법: 전수(纏繡), 평수(平繡)
문양: 용, 봉황, 꽃, 물고기, 고루(鼓樓)

검동남(黔東南) 여평(黎平)

동족(侗族)자수 앞치마[胸圍腰]
63×62cm
자수기법: 쇄수(鎖繡)
문양: 동고(銅鼓), 꽃

검동남(黔東南) 여평(黎平)

동족(侗族)자수 앞치마[胸圍腰]
70×62cm
자수기법: 쇄수(鎖繡)
문양: 동고(銅鼓), 꽃

검동남(黔東南) 여평(黎平)

동족(侗族)자수 앞치마[圍腰]장식(1세트)
자수기법: 쇄수(鎖繡), 전수(纏繡)
문양: 용, 봉황, 꽃, 물고기, 고루(鼓樓)

검동남(黔東南) 여평(黎平)

동족(侗族)자수 배선(背扇)
90×35cm
자수기법: 쇄수(鎖繡), 포첩수(布貼繡), 수사수(數紗繡)
문양: 동고(銅鼓), 기하학 도안

검동남(黔東南) 여평(黎平)

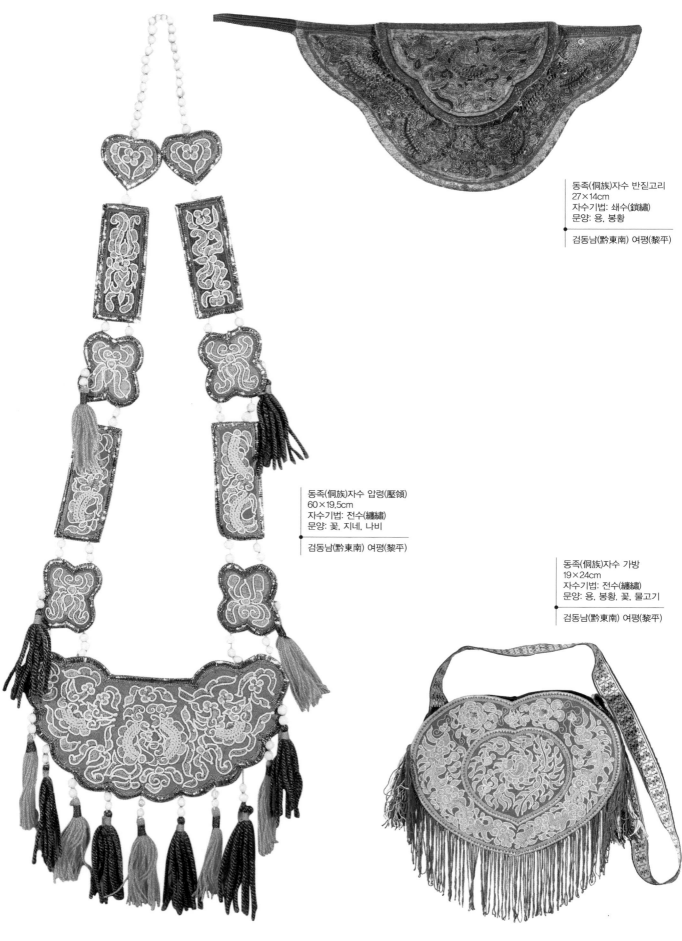

동족(侗族)자수 반짇고리
27×14cm
자수기법: 쇄수(鎖繡)
문양: 용, 봉황

검동남(黔東南) 여평(黎平)

동족(侗族)자수 압령(壓領)
60×19.5cm
자수기법: 전수(纏繡)
문양: 꽃, 지네, 나비

검동남(黔東南) 여평(黎平)

동족(侗族)자수 가방
19×24cm
자수기법: 전수(纏繡)
문양: 용, 봉황, 꽃, 물고기

검동남(黔東南) 여평(黎平)

동족(侗族)자수 배선(背扇)
67×35cm
자수기법: 전수(纏繡), 포첩수(布貼繡)
문양: 용, 새, 물고기, 벌레, 꽃, 열매

검동남(黔東南) 여평(黎平)

동족(侗族)자수 앞치마[圍腰]
자수기법: 전수(纏繡)
문양: 용, 봉황, 물고기, 꽃, 열매

검동남(黔東南) 여평(黎平)

동족(侗族)자수 신발
24.5×7cm
자수기법: 전수(纏繡)
문양: 용, 봉황

검동남(黔東南) 여평(黎平)

동족(侗族)자수 신발
30×17cm
자수기법: 전수(纏繡)
문양: 꽃

검동남(黔東南) 여평(黎平)

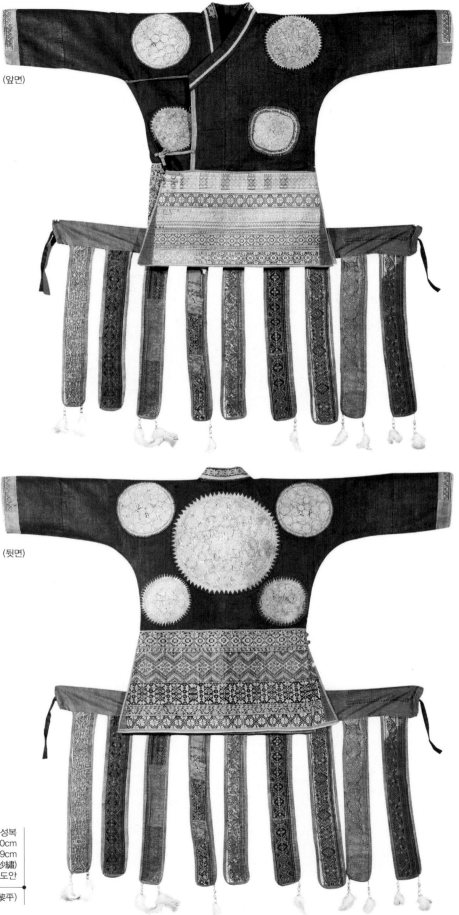

(앞면)

(뒷면)

동족(侗族)자수 여성복
상의: 60.5×100cm
치마: 41×79cm
자수기법: 쇄수(鎖繡), 포첩수(布貼繡), 수사수(數紗繡)
문양: 달, 기하학 도안

검동남(黔東南) 여평(黎平)

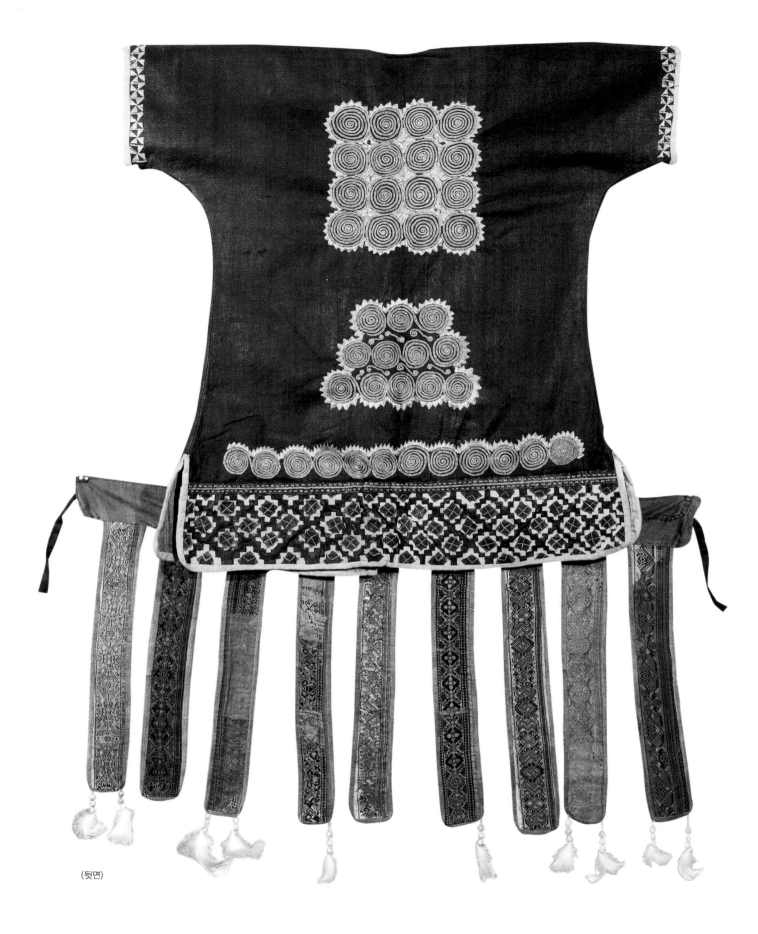

(뒷면)

(앞면)

동족(侗族)자수 여성복
상의: 70×71cm
치마: 40×79cm
자수기법: 쇄수(鎖繡), 포첩수(布貼繡), 수사수(數紗繡)
문양: 나선

검동남(黔東南) 여평(黎平)

(앞면)

동족(侗族)자수 여성복
상의: 73×69cm
치마: 60×87cm
자수기법: 쇄수(鎖繡), 수사수(數紗繡), 포첩수(布貼繡)
문양: 나선, 지네, 용

검동남(黔東南) 여평(黎平)

(앞면)

(뒷면)

동족(侗族)자수 조끼
60.5×45cm
자수기법: 수사수(數紗繡)
문양: 꽃, 별, 기하학 도안

● 검동남(黔東南) 여평(黎平)

동족(侗族)자수 배선(背扇)
자수기법: 쇄수(鎖繡)
문양: 꽃, 새

검동남(黔東南) 종강(從江)

동족(侗族)자수 배선(背扇)(부분)
자수기법: 포첩수(布貼繡), 평수(平繡)
문양: 꽃

검동남(黔東南) 종강(從江)

동족(侗族)자수 여자 신발
24×8cm
자수기법: 전수(纏繡)
문양: 봉황

검동남(黔東南) 종강(從江)

동족(侗族)자수 배선(背扇)(부분)
자수기법: 포첩수(布貼繡), 평수(平繡)
문양: 동고(銅鼓), 꽃

검동남(黔東南) 종강(從江)

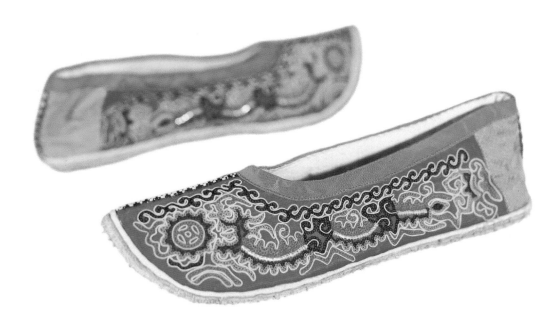

동족(侗族)자수 여자 신발
22.5×7.5cm
자수기법: 전수(纏繡)
문양: 용

검동남(黔東南) 종강(從江)

동족(侗族)자수 배선(背扇)(부분)
자수기법: 평수(平繡), 수사수(數紗繡)
문양: 동고(銅鼓), 꽃

검동남(黔東南) 용강(榕江)

동족(侗族)자수 배낭
33×26cm
자수기법: 전수(纏繡), 평수(平繡)
문양: 꽃, 새

검동남(黔東南) 용강(榕江)

동족(侗族)자수
자수기법: 쇄수(鎖繡), 평수(平繡)
문양: 권초(卷草), 꽃, 동고(銅鼓)

검동남(黔東南) 용강(榕江)

동족(侗族)자수(1세트)
자수기법: 쇄수(鎖繡), 평수(平繡)
문양: 권초(卷草), 꽃, 동고(銅鼓)

검동남(黔東南) 용강(榕江)

단도식(丹都式) 묘수(苗繡)

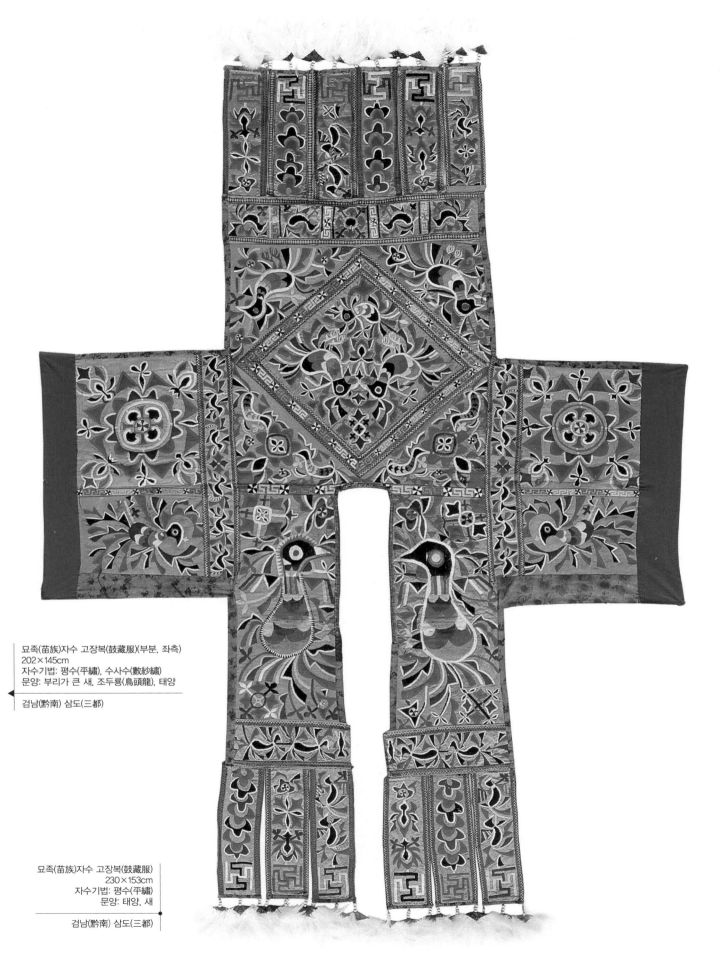

묘족(苗族)자수 고장복(鼓藏服)(부분, 좌측)
202×145cm
자수기법: 평수(平繡), 수사수(數紗繡)
문양: 부리가 큰 새, 조두룡(鳥頭龍), 태양

검남(黔南) 삼도(三都)

묘족(苗族)자수 고장복(鼓藏服)
230×153cm
자수기법: 평수(平繡)
문양: 태양, 새

검남(黔南) 삼도(三都)

(앞면)

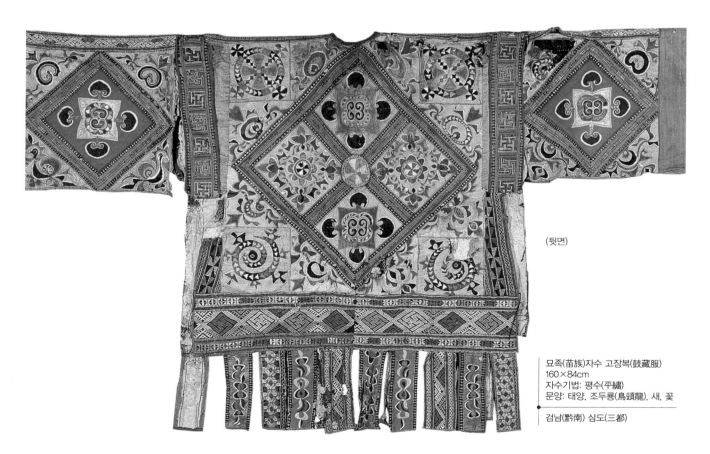

(뒷면)

묘족(苗族)자수 고장복(鼓藏服)
160×84cm
자수기법: 평수(平繡)
문양: 태양, 조두룡(鳥頭龍), 새, 꽃

검남(黔南) 삼도(三都)

• 412 •

묘족(苗族)자수 여자 백조의(百鳥衣)
145×62cm
자수기법: 평수(平繡), 포첩수(布貼繡)
문양: 구름, 용

검남(黔南) 삼도(三都)

(앞면)

묘족(苗族)자수 고장복(鼓藏服)
153×115cm
자수기법: 평수(平繡)
문양: 태양, 새

검남(黔南) 삼도(三都)

(뒷면)

묘족(苗族)자수 고장복(鼓藏服)
134.5×101cm
자수기법: 평수(平繡)
문양: 조두룡(鳥頭龍), 새

검남(黔南) 삼도(三都)

(뒷면)

(앞면)

(부분)

묘족(苗族)자수 고장복(鼓藏服)
157×120cm
자수기법: 평수(平繡)
문양: 조두룡(鳥頭龍), 물고기, 새, 태양

검동남(黔東南) 단채(丹寨)

묘족(苗族)자수 고장복(鼓藏服)
140×110cm
자수기법: 평수(平繡)
문양: 조두룡(鳥頭龍), 태양, 새

검남(黔南) 삼도(三都)

묘족(苗族)자수 고장복(鼓藏服)
143×104cm
자수기법: 평수(平繡)
문양: 수서곤충, 새

검남(黔南) 삼도(三都)

묘족(苗族)자수 고장복(鼓藏服)
134,5×101cm
자수기법: 평수(平繡)
문양: 조두룡(鳥頭龍), 새

검남(黔南) 삼도(三都)

묘족(苗族)자수 고장복(鼓藏服)
144×190cm
자수기법: 평수(平繡)
문양: 태양, 부리가 큰 새, 금붕어

검남(黔南) 삼도(三都)

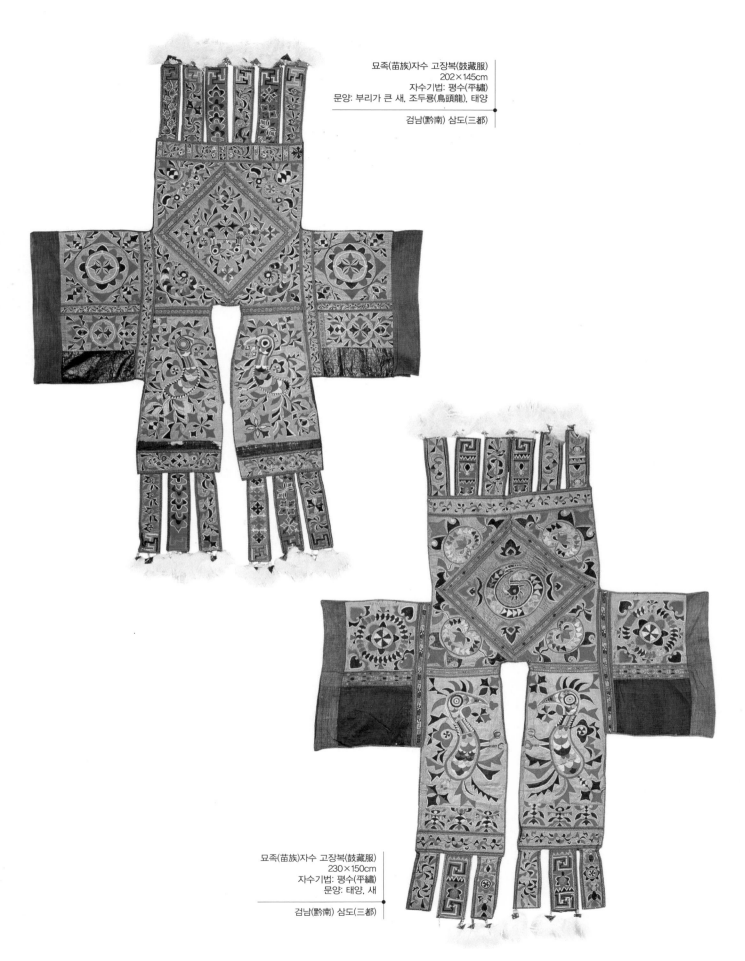

묘족(苗族)자수 고장복(鼓藏服)
202×145cm
자수기법: 평수(平繡)
문양: 부리가 큰 새, 조두룡(鳥頭龍), 태양

검남(黔南) 삼도(三都)

묘족(苗族)자수 고장복(鼓藏服)
230×150cm
자수기법: 평수(平繡)
문양: 태양, 새

검남(黔南) 삼도(三都)

묘족(苗族)자수 고장복(鼓藏服)
160×84cm
자수기법: 평수(平繡)
문양: 태양, 용, 새, 꽃

검남(黔南) 삼도(三都)

(앞면)

(뒷면)

묘족(苗族)자수 고장복(鼓藏服)
141×110cm
자수기법: 평수(平繡)
문양: 동고(銅鼓), 새, 잎

검남(黔南) 삼도(三都)

묘족(苗族)자수 고장복(鼓藏服)
143×104cm
자수기법: 평수(平繡)
문양: 조두룡(鳥頭龍), 새

검남(黔南) 삼도(三都)

묘족(苗族)자수 고장복(鼓藏服)
141×110cm
자수기법: 평수(平繡)
문양: 조두룡(鳥頭龍), 태양, 새, 꽃잎

검남(黔南) 삼도(三都)

묘족(苗族)자수 고장복(鼓藏服)
상의: 146×68.5cm
치마: 64×65cm
자수기법: 평수(平繡)
문양: 조두룡(鳥頭龍), 나비

검동남(黔東南) 용강(榕江)

묘족(苗族)자수 고장복(鼓藏服)
146×136cm
자수기법: 평수(平繡)
문양: 조두룡(鳥頭龍), 나비, 동고(銅鼓)

검동남(黔東南) 용강(榕江)

묘족(苗族)자수 여자 백조의(百鳥衣)
상의: 157×120cm
치마: 100×70cm
자수기법: 평수(平繡)
문양: 조두룡(鳥頭龍), 새, 물고기

검동남(黔東南) 단채(丹寨)

묘족(苗族)자수 배선(背扇)
132×69cm
자수기법: 평수(平繡)
문양: 동고(銅鼓), 조두룡(鳥頭龍)

검동남(黔東南) 용강(榕江)

묘족(苗族)자수 배선(背扇)
자수기법: 평수(平繡)
문양: 용, 새

검동남(黔東南) 단채(丹寨)

묘족(苗族)자수 배선(背扇)
자수기법: 평수(平繡)
문양: 용, 나비, 물고기, 새

검동남(黔東南) 단채(丹寨)

묘족(苗族)자수 여자 백조의(百鳥衣) 상의
자수기법: 평수(平繡)
문양: 꽃, 새

검동남(黔東南) 단채(丹寨)

묘족(苗族)자수 배선(背扇)
자수기법: 평수(平繡), 수사수(數紗繡)
문양: 꽃, 새, 동고(銅鼓)

검동남(黔東南) 종강(從江)

묘족(苗族)자수 배선(背扇)
자수기법: 평수(平繡)
문양: 태양, 새, 나비

검동남(黔東南) 단채(丹寨)

묘족(苗族)자수 배선(背扇)
자수기법: 평수(平繡)
문양: 꽃, 새

검동남(黔東南) 단채(丹寨)

(부분)

묘족(苗族)자수 배선(背扇)
자수기법: 평수(平繡)
문양: 꽃, 새

검동남(黔東南) 용강(榕江)

묘족(苗族)자수 아동 모자
자수기법: 평수(平繡)
문양: 봉황, 물고기

검동남(黔東南) 용강(榕江)

묘족(苗族)자수 앞치마[胸圍腰]
101×83cm
자수기법: 평수(平繡)
문양: 조두룡(鳥頭龍), 개구리

검남(黔南) 삼도(三都)

묘족(苗族)자수 앞치마[胸圍腰]
108×83cm
자수기법: 평수(平繡)
문양: 조두룡(鳥頭龍), 새

검남(黔南) 삼도(三都)

묘족(苗族)자수 앞치마[胸圍腰]
99×80cm
자수기법: 평수(平繡)
문양: 조두룡(鳥頭龍), 개구리

검남(黔南) 삼도(三都)

묘족(苗族)자수 앞치마[胸圍腰]
100×89cm
자수기법: 평수(平繡)
문양: 용, 새

검남(黔南) 삼도(三都)

묘족(苗族)자수 앞치마[胸圍腰]
100×86cm
자수기법: 평수(平繡)
문양: 용, 새

검남(黔南) 삼도(三都)

묘족(苗族)자수 앞치마[胸圍腰]
95×86cm
자수기법: 평수(平繡)
문양: 새, 나방, 태양

검남(黔南) 삼도(三都)

묘족(苗族)자수 앞치마[胸[圍]腰]
87×87cm
자수기법: 평수(平繡)
문양: 물고기, 동고(銅鼓), 꽃, 새, 나선

검남(黔南) 삼도(三都)

묘족(苗族)자수 앞치마[胸[圍]腰]
100×79cm
자수기법: 평수(平繡)
문양: 새, 물고기, 태양

검남(黔南) 삼도(三都)

묘족(苗族)자수 앞치마[胸圍腰]
98×81cm
자수기법: 평수(平繡)
문양: 태양, 나방, 새

검남(黔南) 삼도(三都)

묘족(苗族)자수 앞치마[胸圍腰]
90×77cm
자수기법: 평수(平繡)
문양: 조두룡(鳥頭龍), 새, 꽃

검남(黔南) 삼도(三都)

묘족(苗族)자수 배선(背扇)
자수기법: 평수(平繡), 포첩수(布貼繡)
문양: 꽃

검남(黔南) 삼도(三都)

묘족(苗族)자수, 마수(麻繡) 배선(背扇)
자수기법: 평수(平繡), 포첩수(布貼繡)
문양: 나선

검남(黔南) 삼도(三都)

기타 양식 자수

수족(水族)자수 배선(背扇)
100×63cm
자수기법: 전수(纏繡)
문양: 동고(銅鼓), 나비, 꽃, 권초(卷草)

검남(黔南) 삼도(三都)

수족(水族)자수 배선(背扇)
자수기법: 전수(纏繡)
문양: 나비, 동고(銅鼓), 기하학 도안

검남(黔南) 삼도(三都)

• 443 •

수족(水族)자수 배선(背扇)(부분, 상)
자수기법: 전수(纏繡)
문양: 태양, 나비

검남(黔南) 삼도(三都)

수족(水族)자수 배선(背扇)(부분, 하)
98×55cm
자수기법: 전수(纏繡)
문양: 나비, 꽃

검남(黔南) 삼도(三都)

수족(水族)자수 배선(背扇)
자수기법: 전수(纏繡)
문양: 나비, 동고(銅鼓), 기하학 도안

검남(黔南) 삼도(三都)

• 445 •

(부분)

수족(水族)자수 배선(背扇)
자수기법: 전수(纏繡)
문양: 나비, 꽃

검남(黔南) 삼도(三都)

수족(水族)자수 배선(背扇)
자수기법: 전수(纏繡)
문양: 나비, 꽃

검남(黔南) 삼도(三都)

수족(水族)자수 배선(背扇)
자수기법: 전수(纏繡)
문양: 동고(銅鼓), 나비, 꽃, 기하학 도안

검남(黔南) 삼도(三都)

수족(水族)자수 배선(背扇)
자수기법: 전수(纏繡)
문양: 동고(銅鼓), 나비, 꽃, 기하학 도안

검남(黔南) 삼도(三都)

수족(水族)자수 배선(背扇)
자수기법: 포첩수(布貼繡), 전수(纏繡)
문양: 꽃, 석류

검남(黔南) 삼도(三都)

(부분)

수족(水族)자수 배선(背扇)
자수기법: 전수(纏繡)
문양: 나비, 동고(銅鼓), 꽃

검남(黔南) 삼도(三都)

묘족(苗族)자수 배선(背扇)(부분)
26×26cm
자수기법: 수사수(數紗繡)
문양: 기하학 도안

검동남(黔東南) 여평(黎平)

묘족(苗族)자수 배선(背扇)
75×50cm
자수기법: 수사수(數紗繡), 평수(平繡), 포첩수(布貼繡)
문양: 기하학 도안, 꽃

검동남(黔東南) 여평(黎平)

묘족(苗族)자수 배선(背扇)
46×42cm
자수기법: 포첩수(布貼繡), 평수(平繡)
문양: 조두룡(鳥頭龍), 새, 꽃

검동남(黔東南) 여평(黎平)

묘족(苗族)자수 배선(背扇)
50×42cm
자수기법: 수사수(數紗繡), 포첩수(布貼繡), 평수(平繡)
문양: 동고(銅鼓), 꽃, 지네

검동남(黔東南) 여평(黎平)

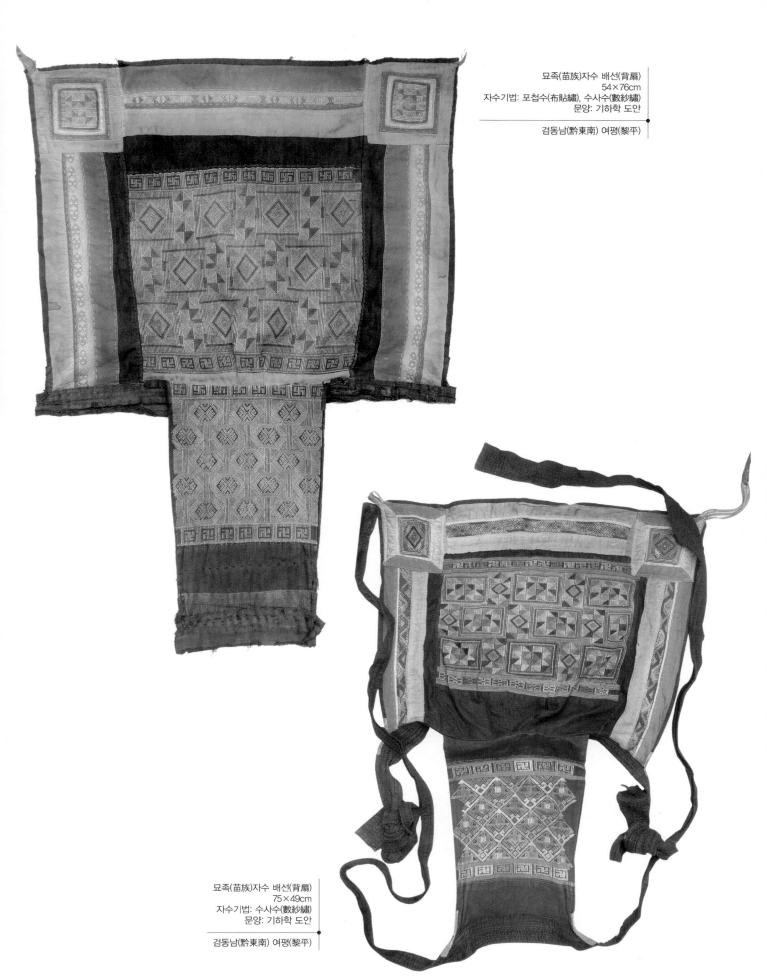

묘족(苗族)자수 배선(背扇)
54×76cm
자수기법: 포첩수(布貼繡), 수사수(數紗繡)
문양: 기하학 도안

검동남(黔東南) 여평(黎平)

묘족(苗族)자수 배선(背扇)
75×49cm
자수기법: 수사수(數紗繡)
문양: 기하학 도안

검동남(黔東南) 여평(黎平)

묘족(苗族)자수 배선(背扇)
47×44cm
자수기법: 전수(纏繡), 포첩수(布貼繡)
문양: 태양, 나비, 용

검동남(黔東南) 여평(黎平)

묘족(苗族)자수 배선(背扇)
46,5×41,5cm
자수기법: 전수(纏繡), 포첩수(布貼繡)
문양: 태양, 나방, 새

검동남(黔東南) 여평(黎平)

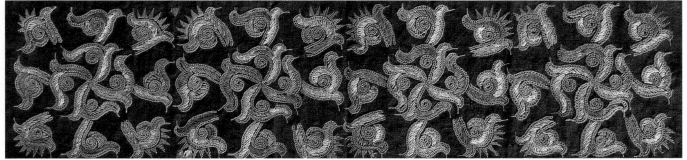

묘족(苗族)자수 배선(背扇)(상)
52×43cm
자수기법: 포첩수(布貼繡), 평수(平繡)
문양: 동고(銅鼓), 꽃

검동남(黔東南) 여평(黎平)

묘족(苗族)자수 주머니의 문양(하)
39×10cm
자수기법: 쇄수(鎖繡), 평수(平繡)
문양: 나선

검동남(黔東南) 여평(黎平)

묘족(苗族)자수 여자 예복
104×70cm
자수기법: 전수(纏繡), 포첩수(布貼繡)
문양: 동고(銅鼓), 구름, 새

검동남(黔東南) 여평(黎平)

• 458 •

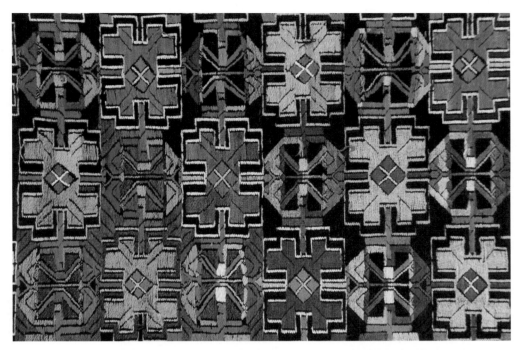

묘족(苗族)자수 소매장식(상)
자수기법: 수사수(數紗繡)
문양: 기하학 도안

검동남(黔東南) 여평(黎平)

묘족(苗族)자수 배선(背扇)(부분, 하)
25×25cm
자수기법: 수사수(數紗繡)
문양: 기하학 도안

검동남(黔東南) 여평(黎平)

묘족(苗族)자수 배선(背扇)
43.5×40cm
자수기법: 평수(平繡), 포첩수(布貼繡)
문양: 태양, 꽃, 나비

검동남(黔東南) 여평(黎平)

묘족(苗族)자수 배선(背扇)
44.5×38cm
자수기법: 평수(平繡), 포첩수(布貼繡)
문양: 태양, 용, 새, 꽃

검동남(黔東南) 여평(黎平)

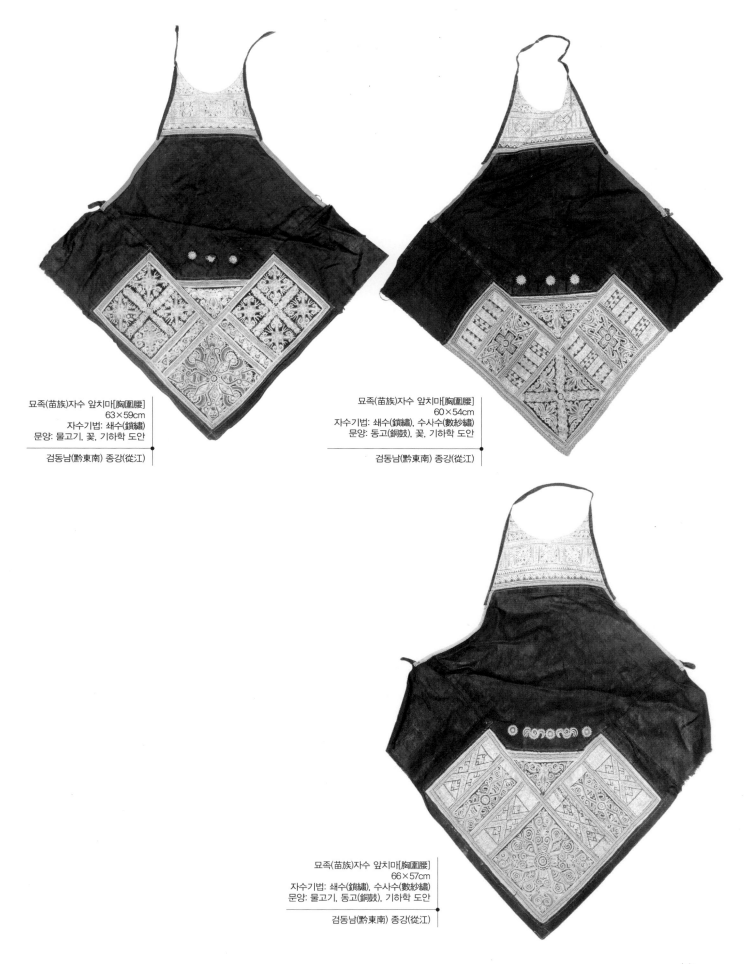

묘족(苗族)자수 앞치마[胸圍腰]
63×59cm
자수기법: 쇄수(鎖繡)
문양: 물고기, 꽃, 기하학 도안

검동남(黔東南) 종강(從江)

묘족(苗族)자수 앞치마[胸圍腰]
60×54cm
자수기법: 쇄수(鎖繡), 수사수(數紗繡)
문양: 동고(銅鼓), 꽃, 기하학 도안

검동남(黔東南) 종강(從江)

묘족(苗族)자수 앞치마[胸圍腰]
66×57cm
자수기법: 쇄수(鎖繡), 수사수(數紗繡)
문양: 물고기, 동고(銅鼓), 기하학 도안

검동남(黔東南) 종강(從江)

동족(侗族)자수 배선(背扇)
자수기법: 포첩수(布貼繡), 평수(平繡)
문양: 팔각화(八角花), 기하학 도안

검동남(黔東南) 종강(從江)

묘족(苗族)자수 앞치마[圍腰](부분, 상)
자수기법: 쇄수(鎖繡)
문양: 꽃

검동남(黔東南) 종강(從江)

묘족(苗族)자수 앞치마[圍腰](부분, 하)
자수기법: 쇄수(鎖繡)
문양: 권초(卷草), 동고(銅鼓), 꽃

검동남(黔東南) 종강(從江)

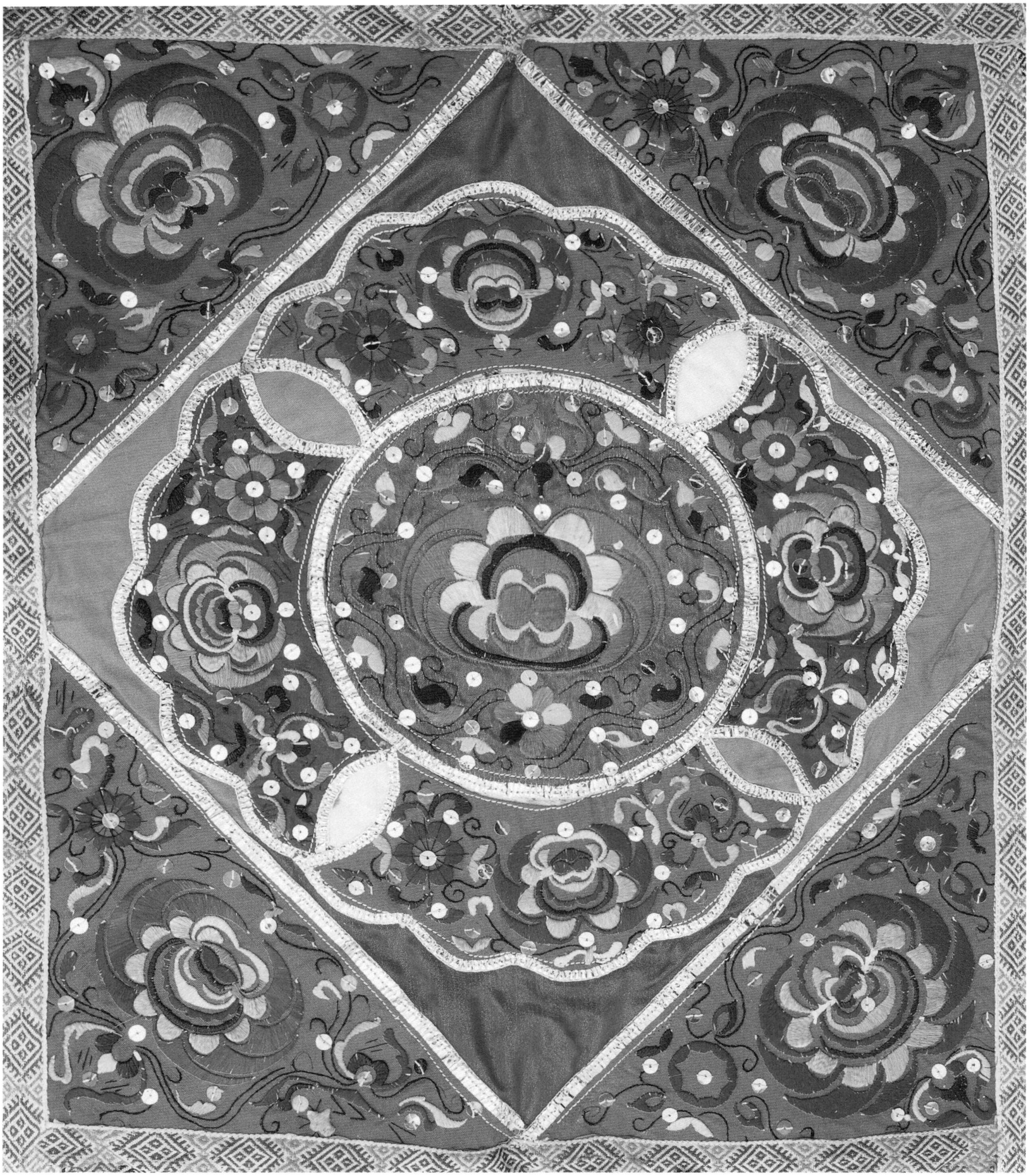

동족(侗族)자수 배선(背扇)
자수기법: 포첩수(布貼繡), 평수(平繡)
문양: 게, 꽃, 나비

검동남(黔東南) 종강(從江)

묘족(苗族)자수 조끼
자수기법: 수사수(數紗繡)
문양: 기하학 도안

검동남(黔東南) 용강(榕江)

기타 유형의 자수

소화묘(小花苗)

재주 있는 손으로 온갖 꽃이 활짝 펴게 수를 놓다.

기하 문양의 등[背]장식

옷을 차려입고 장터에 가다.

예복을 입은 묘족(苗族) 남자의 뒷모습[용리(龍里)]

기예를 배우는 소녀

포의족(布依族) 마을 여자들[흥의(興義)]

치장을 하는 사일묘족(梭嘎苗族) 여성

묘족(苗族)자수 관수복(貫首服)
자수기법: 포첩수(布貼繡), 수사수(數紗繡)
문양: 도장 문양, 권초(卷草)

귀양(貴陽) 오당(烏當)

묘족(苗族)자수 여자 상의(부분)
자수기법: 포첩수(布貼繡)
문양: 삼각형

귀양(貴陽) 오당(烏當)

묘족(苗族)자수 앞치마[圍腰](부분)
자수기법: 포첩수(布貼繡)
문양: 마름모

귀양(貴陽) 오당(烏當)

묘족(苗族)자수 배선(背扇)
자수기법: 포첩수(布貼繡), 쇄수(鎖繡)
문양: 나비수염[蝶須]

귀양(貴陽) 오당(烏當)

묘족(苗族)자수 배선(背扇)
자수기법: 평수(平繡), 도화(挑花), 수사수(數紗繡)
문양: 꽃, 새, 기하학 도안

육반수(六盤水) 육지(六枝)

묘족(苗族)자수 배선(背扇)
자수기법: 수사수(數紗繡), 평수(平繡)
문양: 나비, 모란

육반수(六盤水) 육지(六枝)

묘족(苗族)자수 배선(背扇)(부분, 상)
자수기법: 수사수(數紗繡), 평수(平繡)
문양: 나비, 모란

육반수(六盤水) 육지(六枝)

묘족(苗族)자수 여자 상의(부분, 하)
자수기법: 포첩수(布貼繡), 쇄수(鎖繡)
문양: 성지(城池), 전원(田園)

육반수(六盤水) 수성(水城)

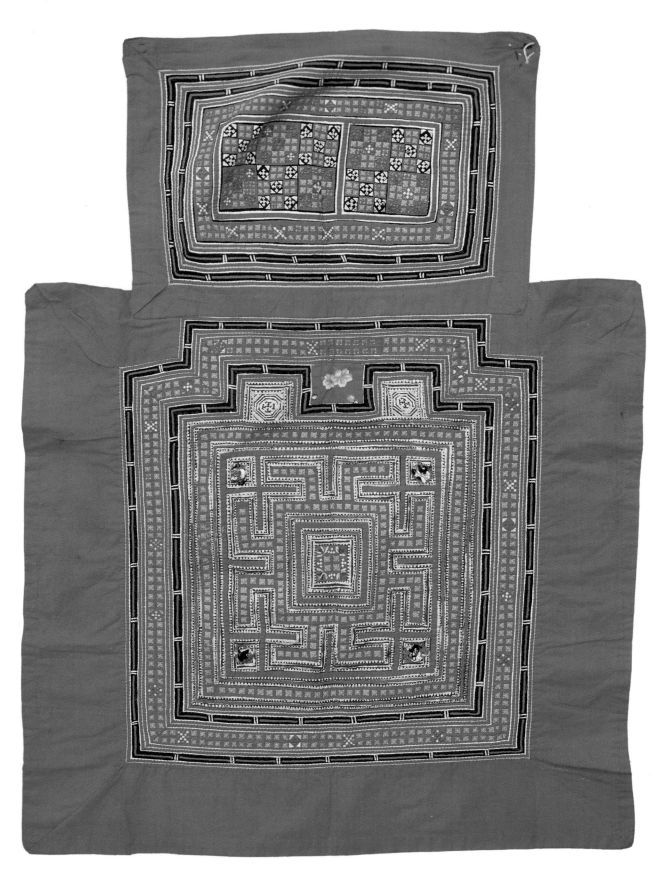

묘족(苗族)자수 배선(背扇)
자수기법: 포첩수(布貼繡), 수사수(數紗繡)
문양: 성지(城池), 전원(田園)

준의(遵義) 동재(桐梓)

묘족(苗族)자수 배선(背扇)
자수기법: 평수(平繡), 쇄수(鎖繡)
문양: 꽃, 말발굽, 나비, 말린 구름, 동고(銅鼓)

안순(安順)

묘족(苗族)자수 배선(背扇)
자수기법: 평수(平繡), 전수(纏繡)
문양: 꽃, 말발굽, 나비, 동고(銅鼓)

안순(安順)

묘족(苗族)자수 배선(背扇)
70.5×59.5cm
자수기법: 평수(平繡), 수사수(數紗繡)
문양: 꽃, 기하학 도안

안순(安順)

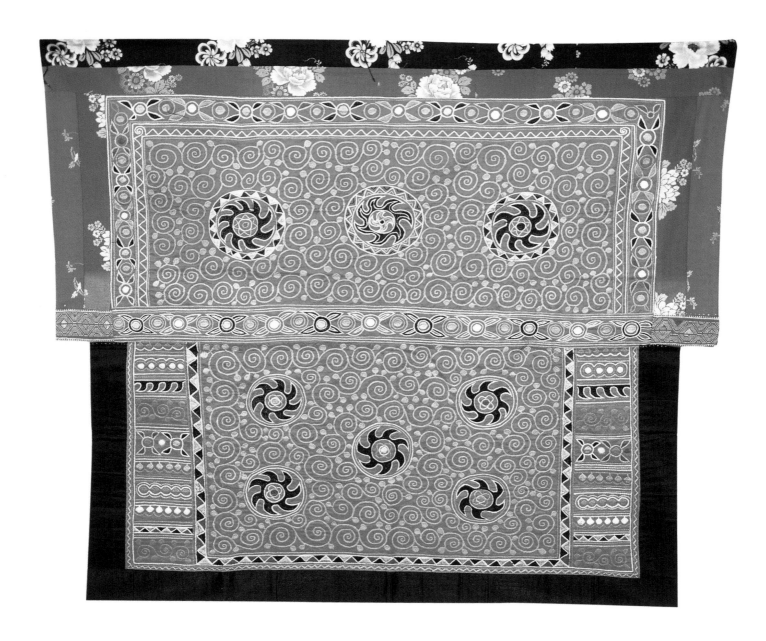

묘족(苗族)자수 배선(背扇)
84×90cm
자수기법: 평수(平繡), 쇄수(鎖繡)
문양: 동고(銅鼓), 권초(卷草)

안순(安順)

묘족(苗族)자수 상의
자수기법: 수사수(數紗繡), 전수(纏繡)
문양: 나선, 기하학 도안

안순(安順)

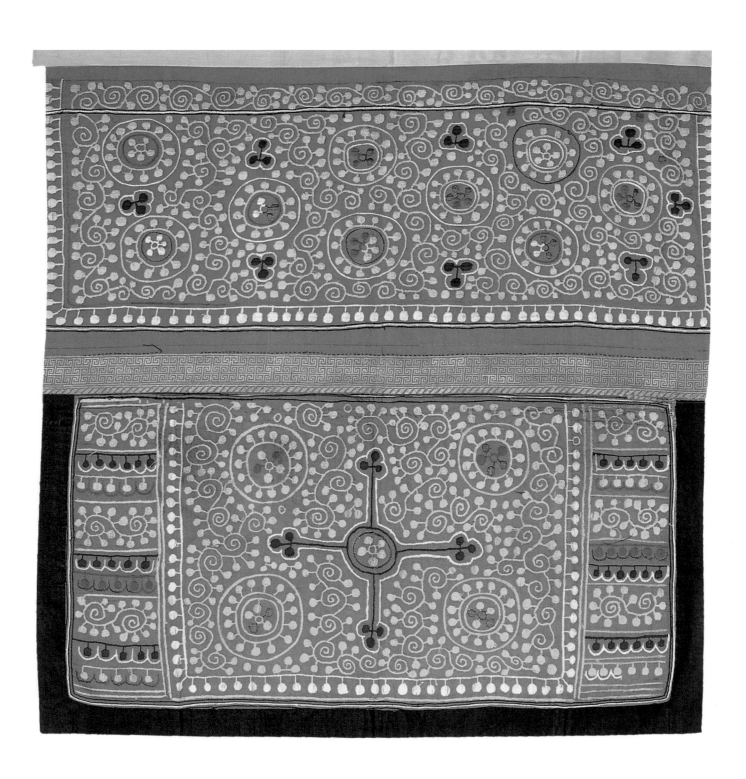

묘족(苗族)자수 배선(背扇)
자수기법: 평수(平繡)
문양: 점으로 만든 꽃, 동고(銅鼓)

안순(安順)

묘족(苗族)자수 배선(背扇)
83×78cm
자수기법: 평수(平繡), 전수(纏繡)
문양: 동고(銅鼓), 나비, 꽃, 열매, 말린 구름

안순(安順)

묘족(苗族)자수 배선(背扇)
자수기법: 평수(平繡)
문양: 새, 동고(銅鼓), 꽃

안순(安順)

묘족(苗族)자수 배선(背扇)
자수기법: 전수(纏繡), 평수(平繡)
문양: 말발굽, 말린 구름

안순(安順)

묘족(苗族)자수 배선(背扇)
자수기법: 평수(平繡)
문양: 복숭아, 석류

안순(安順)

묘족(苗族)자수 배선(背扇)
자수기법: 평수(平繡)
문양: 나비, 꽃, 열매

안순(安順)

묘족(苗族)자수 배선(背扇)
자수기법: 전수(纏繡), 평수(平繡)
문양: 말발굽, 말린 구름

안순(安順)

묘족(苗族)자수 배선(背扇)
자수기법: 평수(平繡)
문양: 꽃, 새

안순(安順)

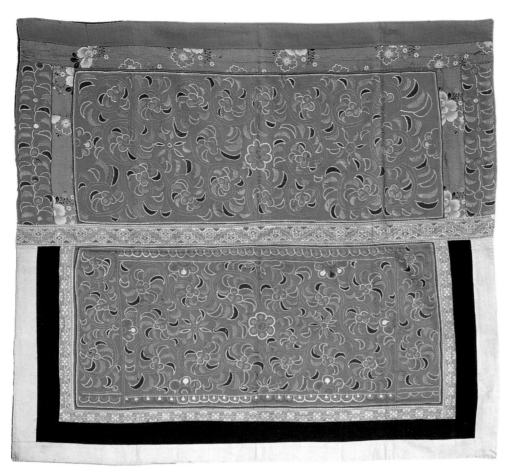

묘족(苗族)자수 배선(背扇)
자수기법: 전수(纏繡), 평수(平繡)
문양: 버들잎

안순(安順)

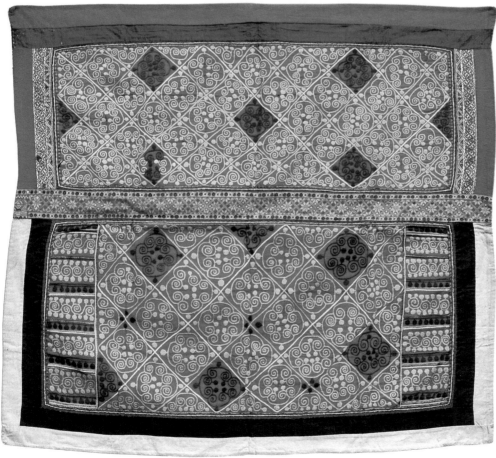

묘족(苗族)자수 배선(背扇)
자수기법: 평수(平繡)
문양: 기하학 도안, 나선

안순(安順)

묘족(苗族)자수 배선(背扇)
자수기법: 평수(平繡), 수사수(數紗繡)
문양: 꽃

안순(安順)

묘족(苗族)자수 주름치마(부분, 하)
자수기법: 포첩수(布貼繡), 수사수(數紗繡)
문양: 기하학 도안

안순(安順) 자운(紫雲)

묘족(苗族)자수 배선(背扇)
66×55cm
자수기법: 포첩수(布貼繡), 전수(纏繡), 평수(平繡)
문양: 문자, 꽃, 새

검남(黔南) 용리(龍里)

묘족(苗族)자수 배선(背扇)(상)
자수기법: 평수(平繡)
문양: 권초(卷草), 꽃

안순(安順) 관령(關嶺)

묘족(苗族)자수 배선(背扇)(하)
자수기법: 평수(平繡)
문양: 권초(卷草), 꽃

안순(安順) 관령(關嶺)

묘족(苗族)자수 배선(背扇)(앞부분)
자수기법: 평수(平繡), 수사수(數紗繡)
문양: 권초(卷草), 기하학 도안

안순(安順) 관령(關嶺)

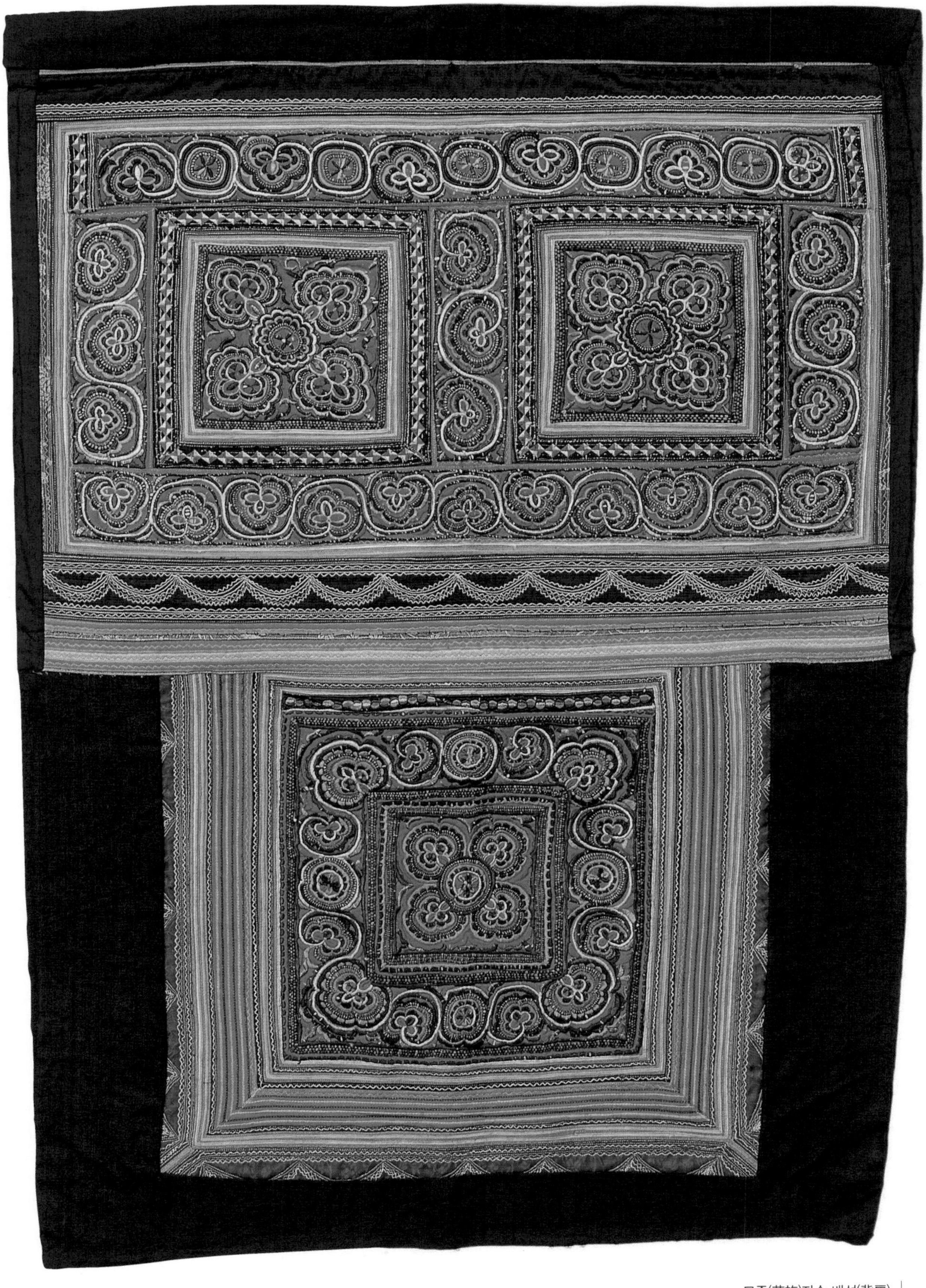

묘족(苗族)자수 배선(背扇)
자수기법: 평수(平繡), 포첩수(布貼繡)
문양: 구름머리 모양의 꽃, 권초(卷草)

검서남(黔西南) 흥인(興仁)

묘족(苗族)자수 망토
자수기법: 차침수(岔針繡), 평수(平繡)
문양: 인물, 동물, 식물

동인(銅仁) 송도(松桃)

묘족(苗族)자수
자수기법: 평수(平繡)
문양: 용, 봉황, 꽃병

동인(銅仁) 송도(松桃)

묘족(苗族)자수
자수기법: 평수(平繡)
문양: 용, 봉황, 기린

동인(銅仁) 송도(松桃)

묘족(苗族)자수
자수기법: 평수(平繡)
문양: 꽃 속의 꽃

동인(銅仁) 송도(松桃)

토가족(土家族)자수 보자기
자수기법: 평수(平繡)
문양: 인물, 물고기, 새, 꽃, 열매

동인(銅仁) 연하(沿河)

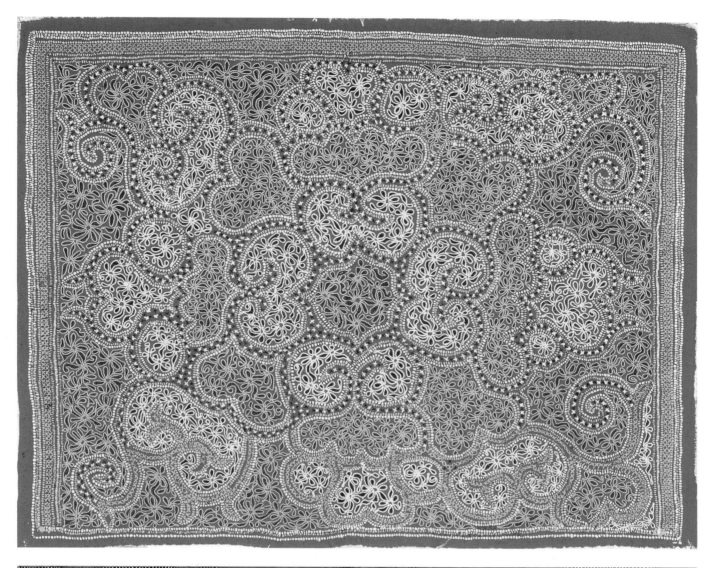

묘족(苗族)자수 배선(背扇)(부분, 상)
자수기법: 전수(纏繡)
문양: 단화(團花)

필절(畢節) 직금(織金)

묘족(苗族)자수 허릿단(부분, 하)
71×15.5cm
자수기법: 포첩수(布貼繡), 평수(平繡)
문양: 꽃

필절(畢節) 검서(黔西)

묘족(苗族)자수 배선(背扇)
61.5×54cm
자수기법: 포첩수(布貼繡), 평수(平繡)
문양: 꽃

필절(畢節) 검서(黔西)

묘족(苗族)자수 배선(背扇)
56×42cm
자수기법: 포첩수(布貼繡), 평수(平繡)
문양: 권초(卷草)

필절(畢節) 검서(黔西)

묘족(苗族)자수 배선(背扇)
자수기법: 쇄수(鎖繡)
문양: 권초(卷草)

필절(畢節) 직금(織金)

묘족(苗族)자수 배선(背扇)
자수기법: 쇄수(鎖繡)
문양: 권초(卷草)

필절(畢節) 직금(織金)

묘족(苗族)자수 배선(背扇)
69×60cm
자수기법: 백금수(帛錦繡), 평수(平繡)
문양: 꽃, 기하학 도안, 말린 구름

필절(畢節) 직금(織金)

• 503 •

묘족(苗族)자수 배선(背扇)
자수기법: 쇄수(鎖繡), 전수(纏繡)
문양: 권초(卷草)

필절(畢節) 직금(織金)

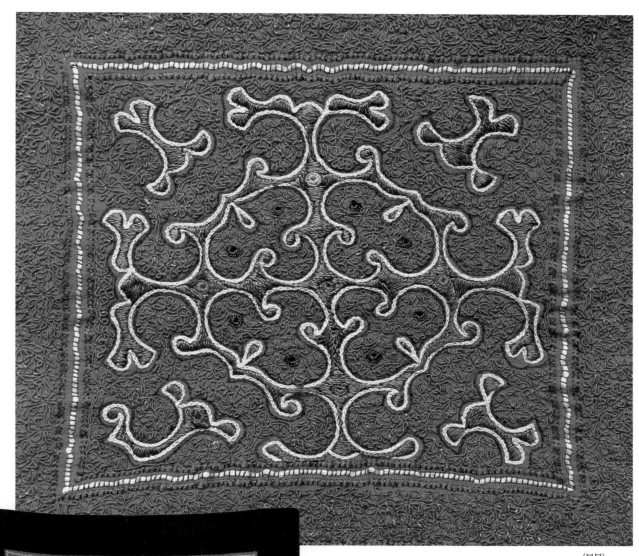

(부분)

묘족(苗族)자수 배선(背扇)
자수기법: 쇄수(鎖繡), 전수(纏繡)
문양: 권초(卷草)

필절(畢節) 직금(織金)

(부분)

묘족(苗族)자수 배선(背扇)
자수기법: 쇄수(鎖繡), 전수(纏繡)
문양: 권초(卷草)

필절(畢節) 직금(織金)

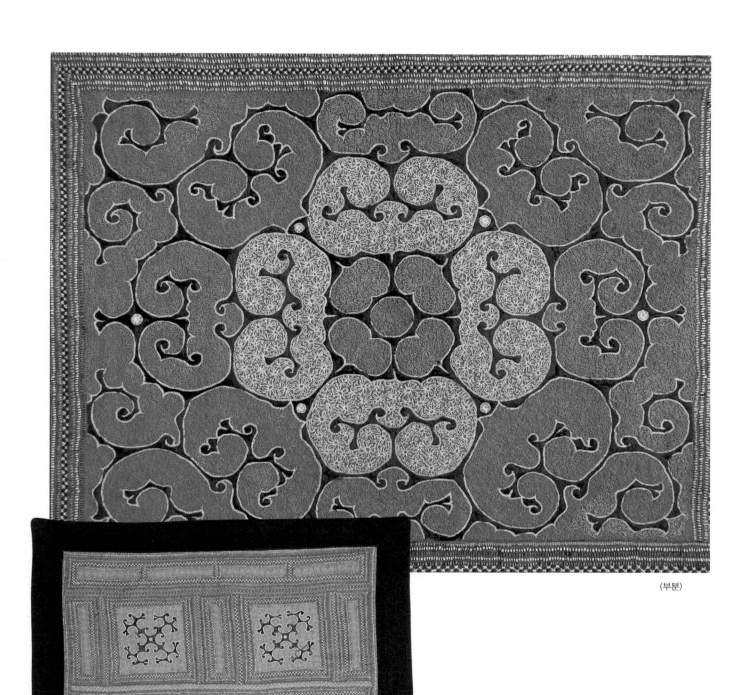

(부분)

묘족(苗族)자수 배선(背扇)
자수기법: 쇄수(鎖繡), 전수(纏繡)
문양: 추상적인 문양

필절(畢節) 직금(織金)

묘족(苗族)자수 배선(背扇)
자수기법: 쇄수(鎖繡), 전수(纏繡)
문양: 권초(卷草)

필절(畢節) 직금(織金)

묘족(苗族)자수 배선(背扇)
자수기법: 쇄수(鎖繡), 전수(纏繡)
문양: 꽃

필절(畢節) 직금(織金)

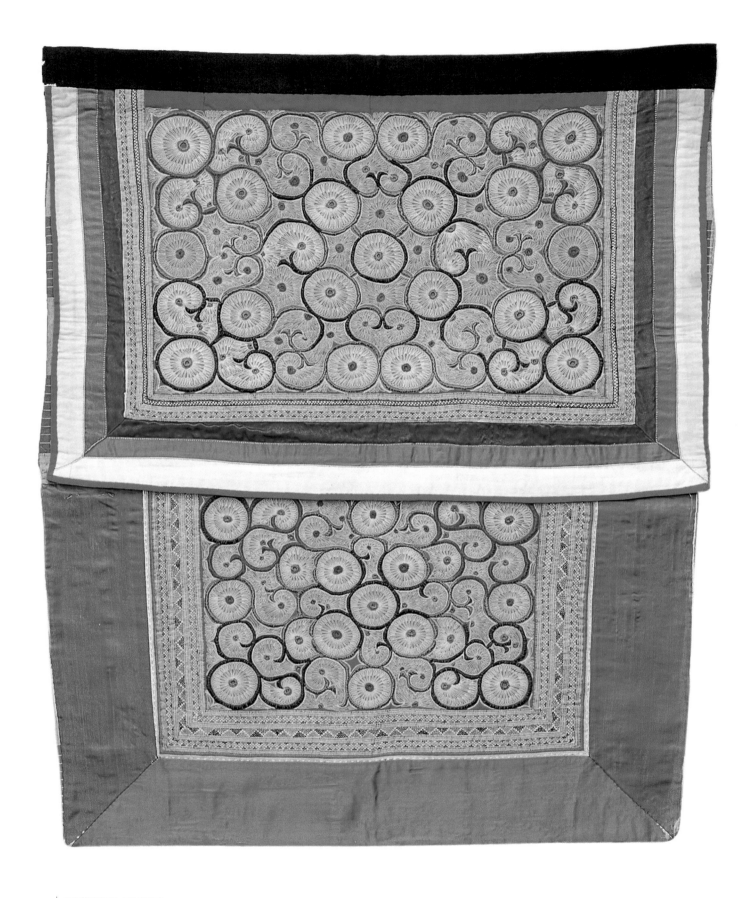

묘족(苗族)자수 배선(背扇)
자수기법: 쇄수(鎖繡)
문양: 국화

필절(畢節) 직금(織金)

묘족(苗族)자수 배선(背扇)
98×62cm
자수기법: 포첩수(布貼繡)
문양: 선 문양, 성지(城池), 전원(田園)

필절(畢節)

묘족(苗族)자수 배선(背扇)
67×50cm
자수기법: 전수(纏繡)
문양: 꽃

필절(畢節) 검서(黔西)

묘족(苗族)자수 앞치마[胸圍腰]
70×37cm
자수기법: 평수(平繡)
문양: 나비, 꽃

필절(畢節) 납옹(納雍)

묘족(苗族)자수 여자 상의
자수기법: 도화(挑花), 포첩수(布貼繡)
문양: 기하학 도안

필절(畢節) 대방(大方)

묘족(苗族)자수 소매장식(상)
자수기법: 수사수(數紗繡)
문양: 기하학 도안

검서남(黔西南) 정풍(貞豊)

묘족(苗族)자수 등[背]장식(하)
35×24cm
자수기법: 수사수(數紗繡)
문양: 기하학 도안

검서남(黔西南) 정풍(貞豊)

묘족(苗族)자수 등[背]장식
31.5×25.5cm
자수기법: 수사수(數紗繡)
문양: 새, 나비

검서남(黔西南) 정풍(貞豊)

묘족(苗族)자수 등[背]장식
31.5×27.5cm
자수기법: 수사수(數紗繡)
문양: 마름모

검서남(黔西南) 안룡(安龍)

묘족(苗族)자수 배선(背扇)(부분)
27×26cm
자수기법: 수사수(數紗繡)
문양: 마름모 모양의 꽃

검서남(黔西南) 안룡(安龍)

묘족(苗族)자수 등[背]장식
32×24.5cm
자수기법: 수사수(數紗繡)
문양: 기하학 도안

검서남(黔西南) 안룡(安龍)

묘족(苗族)자수 등[背]장식
35.5×25.5cm
자수기법: 수사수(數紗繡)
문양: 마름모

검서남(黔西南) 안룽(安龍)

묘족(苗族)자수 등[背]장식
31×22cm
자수기법: 수사수(數紗繡)
문양: 물고기

검서남(黔西南) 안룽(安龍)

묘족(苗族)자수 등[背]장식
38.5×26.5cm
자수기법: 수사수(數紗繡)
문양: 마름모

검서남(黔西南) 안룽(安龍)

묘족(苗族)자수 소매장식
자수기법: 포첩수(布貼繡)
문양: 물고기, 물

검서남(黔西南) 안룡(安龍)

묘족(苗族)자수 배선(背扇)
자수기법: 수사수(數紗繡)
문양: 버들잎

검서남(黔西南) 흥인(興仁)

포의족(布依族)자수 배선(背扇)
자수기법: 평수(平繡), 포첩수(布貼繡)
문양: 꽃, 새, 나비

검서남(黔西南) 망모(望謨)

포의족(布依族)자수 배선심(背扇心)
자수기법: 평수(平繡), 포첩수(布貼繡)
문양: 꽃, 새, 나비

검서남(黔西南) 망모(望謨)

포의족(布依族)자수 배선(背扇)(상)
자수기법: 평수(平繡), 포첩수(布貼繡)
문양: 꽃, 새, 나비

검서남(黔西南) 망모(望謨)

포의족(布依族)자수 배선(背扇)(하)
자수기법: 평수(平繡), 포첩수(布貼繡)
문양: 꽃, 새, 나비

검서남(黔西南) 망모(望謨)

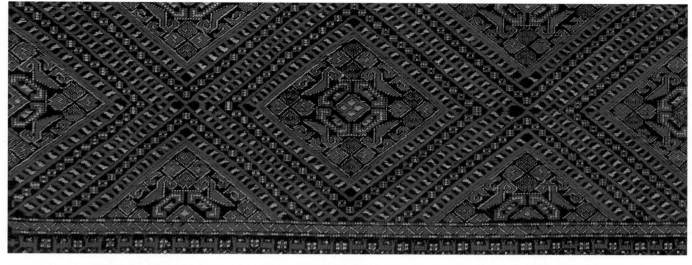

묘족(苗族)자수 등[背]장식(상)
자수기법: 수사수(數紗繡)
문양: 기하학 도안

검서남(黔西南) 정풍(貞豊)

묘족(苗族)자수 등[背]장식(중)
자수기법: 수사수(數紗繡)
문양: 기하학 도안

검서남(黔西南) 정풍(貞豊)

묘족(苗族)자수 등[背]장식(하)
자수기법: 수사수(數紗繡)
문양: 기하학 도안

검서남(黔西南) 정풍(貞豊)

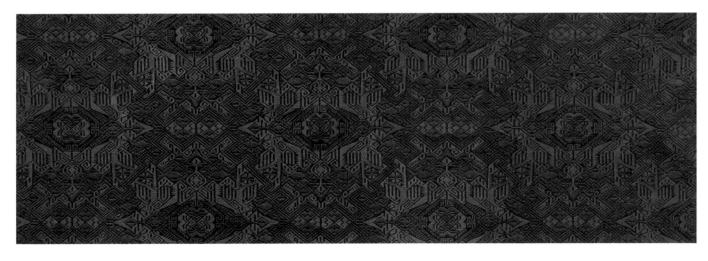

묘족(苗族)자수 소매장식(상)
자수기법: 전수(纏繡)
문양: 어룡(魚龍)

검서남(黔西南) 안룡(安龍)

묘족(苗族)자수 소매장식(중)
29.5×11cm
자수기법: 수사수(數紗繡)
문양: 기하학 도안

검서남(黔西南) 정풍(貞豊)

묘족(苗族)자수 소매장식(하)
68.5×23.5cm
자수기법: 수사수(數紗繡)
문양: 꽃, 기하학 도안

검서남(黔西南) 안룡(安龍)

묘족(苗族)자수 배선(背扇)
자수기법: 평수(平繡), 쇄수(鎖繡)
문양: 꽃, 새

검남(黔南) 혜수(惠水)

묘족(苗族)자수 소매장식
23.5×23cm
자수기법: 쇄수(鎖繡), 평수(平繡)
문양: 꽃

검남(黔南) 복천(福泉)

묘족(苗族)자수 소매장식
자수기법: 포첩수(布貼繡), 평수(平繡)
문양: 꽃

검남(黔南) 귀정(貴定)

묘족(苗族)자수 치마(부분)
자수기법: 포첩수(布貼繡), 평수(平繡), 쇄수(鎖繡)
문양: 고사리

검남(黔南) 장순(長順)

포의족(布依族)자수 배선(背扇)
자수기법: 포첩수(布貼繡), 평수(平繡)
문양: 동고(銅鼓), 꽃

검남(黔南) 여파(荔波)

묘족(苗族)자수 배선(背扇)
자수기법: 평수(平繡)
문양: 나비수염[蝶鬚], 꽃

검서남(黔西南) 흥인(興仁)

포의족(布依族)자수 배선(背扇)
자수기법: 포첩수(布貼繡), 평수(平繡)
문양: 나비, 꽃

검남(黔南) 여파(荔波)

요족(瑤族)자수 배선(背扇)
자수기법: 평수(平繡)
문양: 꽃

검남(黔南) 여파(荔波)

요족(瑤族)자수 배선(背扇)
자수기법: 평수(平繡)
문양: 꽃

검남(黔南) 여파(荔波)

요족(瑤族)자수 배선(背扇)
자수기법: 평수(平繡), 포첩수(布貼繡)
문양: 기하학 도안, 용, 물고기, 동고(銅鼓)

검동남(黔東南) 마강(麻江)

요족(瑤族)자수 배선(背扇)(부분)
자수기법: 평수(平繡)
문양: 인물, 꽃, 용

검남(黔南) 평당(平塘)

요족(瑤族)자수 배선(背扇)(부분)
자수기법: 평수(平繡)
문양: 인물, 건축물, 꽃

검남(黔南) 평당(平塘)

묘족(苗族)자수 배선(背扇)(부분)
자수기법: 변수(辮繡)
문양: 꽃, 열매, 기린

검남(黔南) 혜수(惠水)

후기

『중국귀주민족민간미술전집(中國貴州民族民間美術全集)』은 제목을 선정할 때부터 귀주 신문출판국과 각계각층 인사들의 지지를 받았다. 비록 오래되지는 않았지만, 아직까지 출판이 중단된 적은 없다. 근래 사회 전체에 대두된 무형 문화유산을 중시하는 경향을 결코 경시해서는 안 된다. 6, 7년 동안 수많은 자료를 수집하고 정리하면서 어려움이 많았지만, 고군분투한 덕분에 지금 이렇게 독자들에게 이 책을 선보일 수 있게 되었다.

2006년 3월, 중앙인민정부는 웹사이트를 통해 제1차 국가 무형 문화유산 목록을 발표하였으며 그중 31개의 항목을 귀주의 문화유산이 차지하였다. 이 책에서는 그중 조형예술의 일부분을 반영하여 소개하였다. 이 책을 편집할 때를 회상해 보면, 당시에는 마치 귀주민족의 민간미술 세계를 한가로이 거니는 기분이 들 정도였다. 장정(張汀) 선생은 "이런 섬세한 아름다움은 어떠한 미의 척도를 갖다 대어도 트집을 잡을 수 없을 정도이다"라고 감탄하며 말했다. 하지만 우리는 귀주민족 민간미술에 대해 우려하는 마음이 생기게 되었다. 오늘날에는 개혁개방과 주류문화가 충돌하고 시장경제가 빠른 추세로 발전하고 있다. 이런 상황하에서 수많은 민간예술품이 국내외 수집가들과 기관에 의해 고가로 매입되고 있다. 심지어 외진 지역으로 간다고 해도 예술적 가치가 있는 우수한 공예품을 구하기가 어려울 정도이다. 민간공예 장인들은 점점 나이가 들어가고, 농촌의 젊은이들도 생활방식이 변해서 전통공예 기술이나 도식(圖式)의 계승이 사라져 가고 있다. 현재 민간공예품 시장은 이윤을 남기기에 급급해서, 조잡하고 상상력이라고는 조금도 없는 모조품을 만들어낼 뿐이다. 현재 민간공예품을 전문적으로 수집하고 연구하는 부서는 소장품을 확충하고 완벽하게 갖출 만한 자금이 부족하다. 소장된 공예품들도 내실 깊숙한 곳에 감춰두고 전시하지 않아서, 대중들은 이것을 감상하고 연구할 방법이 없다. 민간공예품을 연구하는 연구원들조차도 나이가 들면서, 이것을 계승할 사람이 점차 사라져 가고 있다. 현재 민간예술을 즐기는 일부 젊은이들은 소량의 작품만을 감상할 수 있을 뿐, 곳곳에 분산된 수많은 작품을 볼 수 없어 민간공예품의 예술성에 대해 깊이 연구할 수가 없다.

우리는 『중국귀주민족민간미술전집』을 혼신의 힘을 다해 편집하면서, 이 전집이 반드시 완성되기를 바랐다.

이 도록(圖錄) 속에 가능한 한 많은 작품을 싣고자 노력했다. 또한, 지역성과 민족적 특색을 명확하게 잘 반영하였고, 작품의 원형과 순수 민간의 예술적 특징을 잘 나타내고 있다. 이 책에는 전통적이고 고전적인 공예기법을 더 많이 기록하였고, 예술적 가치가 있는 자료를 더 많이 보여주고 있다. 다만, 도록에 실을 수 있는 내용에 한계가 있어서 그것이 아쉬울 뿐이다. 하지만 우리는 이 도록을 통해 귀주민족 민간미술을 가장 완벽하게 구현해 내었다.

『중국귀주민족민간미술전집』의 성공적인 출판은 수년간 다방면을 통해 얻은 노력의 결실이라 할 수 있다. 이 지면을 통해 귀주성 미술협회, 귀주성 예술관, 귀주성 박물관과 개인 수집가분들의 도움에 감사의 뜻을 표하고자 한다. 또한, 중국 공예미술의 대선배이신 장정(張仃) 선생과 청화(淸華)대학 미술대학원 추문(鄒文) 박사에게도 감사의 마음을 전하고 싶다. 이뿐만 아니라, 귀주성과 관련된 인사이신 양장괴(楊長槐), 마정영(馬正榮), 증헌양(曾憲陽), 유옹(劉雍), 진화(陳華), 황정철(黃正鐵), 당근산(唐根山), 이검빈(李黔濱), 이국경(李國慶), 오일방(鳴一方), 이앙(李昻), 이옥휘(李玉輝), 증상훤(曾祥萱) 등 여러분들의 도움에도 깊이 감사를 드린다.

귀주성 신문출판국과 귀주출판그룹의 대표와 각 부서는 시종일관 이 책의 출판을 위해 정신적, 금전적으로 도움을 주었다. 이 책을 출판하면서 독자들과 함께 감사의 마음을 이곳에서 표한다.

옮긴이 **김숙향**(金淑香)

중국어 번역 전문 프리랜서로 고려대학교에서 석사과정을 마친 뒤 중국 복단대학(復旦大學)에서 중국문학으로 박사학위를 받았다. 현재 중국문학과 문화에 관심을 가지고 모교를 비롯한 여러 대학에서 강의하면서 연구와 번역을 병행하고 있다. 지금까지 번역 출판된 책으로는『대여행가』,『명장』,『맹자 지혜』,『난징함락과 대학살』(전 4권),『중국의 전통장신구』(전 2권) 등 다수가 있다.